집에서 시작하는
초등독서토론

**독서토론의 길동무
초등 교사와 학부모들의 필독서!**

집에서 시작하는
초등독서토론

ON책, 책을 켜는 연구회

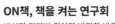

박선경 권영범 김아영 박원희 박은혜 박주용
배주희 소혜진 윤글라라 이수현 황은숙

도서출판
수류화개

그동안 이런 책을 찾아 헤맸어요!

독서 교육의 중요성은 누구나 알지만, 효율적인 지도 방법은 어렵습니다. 이 책은 독서토론에 대한 고민을 말끔히 없애주는 해결사 같은 책입니다. 독서 교육의 방법을 초등학교 1~6학년까지 알기 쉽게 소개하고 있으니까요.

사이다를 마신 듯 속이 시원해지는 책! 현직 교사에게도 초등 자녀를 둔 학부모에게도 독서 교육의 길잡이가 될 수 있는 책입니다.

— 백혜민(연양초 교사, 초등 1학년 학부모)

자녀들과 책으로 대화하고 싶으신가요?

초등 교사와 학부모들의 필독서! 이 책은 초·중·고학년 눈높이에 맞는 책 소개와 함께 실질적인 비경쟁 독서토론 방법을 안내합니다.

학교에서는 수업 적용으로, 가정에서는 자녀와 함께 즐겁게 대화를 나눌 수 있습니다. 가족이 함께 생각을 키우고 독서 근육을 단련해 보세요.

— 박현주(보람초 교사, 초등 2·5학년 학부모)

현명한 부모가 되고 싶다면...

이 책은 '1주 3권 초1 고2 규칙', '비경쟁 독서토론' 등 현직 선생님들의 연구 성과와 현장에서의 노하우를 바탕으로 전문적인 내용을 명쾌하게 알려줍니다. 그리고 책을 읽다 보면 사랑하는 자녀가 '책을 쪼개 읽고, 반복해서 읽고, 쓰면서 읽는 활동'을 통해 독서토론의 강자로 성장하는 모습이 떠오릅니다. 이 책과 함께하며 자녀의 교육을 지원하는 현명한 부모가 되고 싶습니다.

– 김윤희(소담초 교사, 초등 5학년 학부모)

토론으로 독서 수준을 성장시키고 탄탄하게 하고자 한다면...

독서는 매일 집밥을 먹듯 조금씩 조금씩 좋은 음식을 먹는 것이라는 비유는 주부로 엄마로 많은 생각을 하게 합니다. 좋아하는 음식만 먹을 수 없듯이 다양한 영역의 책을 접할 수 있도록 오진분류로 정리해 보는 방법과 중고등학생까지도 독서를 꾸준히 할 수 있도록 추천해 주신 책은 아이들과 함께 읽어봐야겠다는 생각도 듭니다. 토론으로 독서 수준을 성장시키고 탄탄하게 하고자 하는 선생님들의 노력의 과정과 결과를 구체적으로 보여주는 안내서가 될 것 같습니다.

– 지영하(소담초 교사, 초등 4·중등 1학년 학부모)

학부모 추천사

독서토론의 길,
이 책이 좋은 길동무

 교과서를 달달 외워서 정해진 답을 잘 쓰면 성공하는 시대는 저물어 가고 있습니다. 이제 스스로 문제를 찾고 해결 방안을 구안하며 적극적으로 실천하는 사람들이 환영받는 시대입니다. 토론은 이런 능력을 기르기에 알맞습니다.

 그런데 문제가 있습니다. 토론을 단기간에 잘하기 어렵다는 겁니다. 토론을 잘하려면 배경지식이 풍부해야 하고, 논제에 맞게 근거를 찾을 수 있어야 하고 조리 있게 상대방을 설득해야 합니다. 토론한 내용을 글로 명료하게 정리하는 능력도 길러야 합니다. 배경지식 쌓기부터 주장하는 글쓰기까지 오랜 시간에 걸쳐 꾸준히 익혀야 하기 때문입니다.

 그럼 토론 교육은 언제부터 하면 좋을까요? 교육부에 고시한 국가 수준 교육과정의 초등학교 국어과 내용 체계를 보면 5~6학년에 '목적

에 따른 담화와 글의 유형으로 토론'이 등장합니다. 하지만 우리 ON
책, 책을 켜는 연구회(이하 '연구회'라 칭함) 연구회원들은 초등학교 1학
년부터 토론 교육을 하면 좋겠다고 생각합니다. 초등학교 1학년도 토
론이 가능한가요? 가능합니다. 어떻게 해야 하나요? 이 책을 통해 말
씀드릴게요.

1주일에 한 가지씩 논제를 정해서 토론을 해도 좋지만 독서토론도
효과적입니다. 먼저 독서를 통해 다양한 배경지식을 쌓을 수 있습니
다. 그리고 독서는 듣고 말하고 읽고 쓰는 언어 능력을 향상시키는 데
도움이 됩니다. 뿐만 아니라 책은 실제로 있을 법한 상황을 보여줍니
다. 토론과 독서가 연결되면 시너지 효과를 일으킵니다. 독서토론은
효과적인 공부법이지만 시간이 많이 걸리기 때문에 학교 수업으로는
충분하다고 보기 어렵습니다. 그래서 우리 연구회에서는 집에서도 함
께 하면 좋겠다고 생각해서 이 책을 만들었습니다.

우리 연구회는 독서교육을 기본으로 연구하고 중점으로 연구합니
다. 2018년부터 세종시의 초등학생을 대상으로 매년 '독서토론 한마당'
을 운영해 왔습니다. 그리고 그 노하우를 이 책에 담았습니다.

이 책의 1부에서는 왜 독서토론을 해야 하는지 담았습니다. 2~4부
에서는 각 학년군별로 독서토론의 실제 사례를 담고 함께 읽을 책을
곁들였습니다. 5부에서는 초등학교 이후까지 독서토론을 이어가는 방
법을 안내합니다.

8세 아동이 논제에 대해 찬반 입장을 정하고 토론을 하기는 어렵습
니다. 우선 논제를 이해하는 것부터 쉽지 않으니까요. 발달 수준에 맞
는 책을 읽고 그 안에서 양질의 질문을 통해 자신의 생각을 다듬는 것
부터 시작합니다. 학년이 올라갈수록 책의 수준을 높이고 토론의 수

준도 높입니다.

이 책은 아래와 같은 세 가지 특징이 있습니다.

첫째, 문학과 비문학의 비중을 고려하여 도서를 선정했습니다. 편식이 건강을 해치듯이 독서 편식은 지식과 지혜의 세계를 넓히는 데 해악이 될 수 있으니까요. 보통 저학년 자녀에게 문학을 많이 읽히는데 저학년도 비문학을 읽을 필요가 있습니다. 본문에 나오는 오진분류법을 참고하여 골고루 독서하게 해보세요.

둘째, 다양한 논제를 담았습니다. 약속을 어겨도 될까? 친구를 언제나 도와줘야 할까? 역학조사에서 거짓말하여 감염병을 확산시킨 사람을 세금으로 치료해줘야 할까? 다양한 주제는 지적 시야를 넓히는 데에 도움이 됩니다.

셋째, 참고하기에 좋은 토론 대본을 담았습니다. 교사들이 먼저 실제 독서토론 수업을 해본 후에 필요한 핵심 내용을 담았으므로 대본을 보시면 쟁점과 토론의 방향을 이해할 수 있습니다.

어렵지만 꼭 필요한 독서토론의 길, 이 책이 좋은 길동무가 되었으면 좋겠습니다.

2022년 8월 28일
ON책, 책을 켜는 연구회

|4부| 토론으로 성장하는 초등 고학년 ... 159

|5부| 중·고등학교까지 이어지는 독서의 힘 ... 233

1부

독서토론
들어가기

책은 대화입니다. 나와의 대화이고 저자와의 대화이고 같은 책을 함께 읽는 벗들과의 대화입니다. 마음이 맞는 벗과 책을 함께 읽고 이야기를 나누는 건 스포츠를 함께 하는 것만큼 즐겁습니다.

그럼 어떻게 책 이야기를 나눠야 할까요? 교실에서 토론 수업을 할때 모둠에서 사회자, 찬성편 토론자, 반대편 토론자, 판정단으로 역할을 나눕니다. 그런데 사회자의 역량이 부족한 경우에는 토론이 제대로 이루어지지 않습니다. TV에서 토론회를 보면 사회자의 역량이 얼마나 중요한지 알 수 있는데 교사가 사회자 역할을 할 학생들을 따로 모아서 별도로 수업을 하는 건 어렵습니다. 또한 경쟁에서 이기는 데 관심이 쏠리다 보니 상대방의 주장을 경청하고 타협하는 태도가 부족해 무척이나 아쉬울 때도 많습니다. 때로는 상대방의 주장이 타당하다는 것을 알면서도 수용하지 않는 경우도 있습니다.

그래서 만든 게 비경쟁 독서 토론 수업 모형입니다. 이것을 2017년 세종특별자치시 교육청에서 주최한 세종 교육 공동체 한마당의 수업 컨퍼런스에서 발표했습니다. 이 모형에서는 교사가 사회자의 역할을 하고 학생들은 찬성과 반대 팀을 선택할 수 있습니다. 인원이 많으면 찬성 1팀, 찬성 2팀 등으로 팀을 나누어 진행합니다. 토론을 준비하는 과정에서 자신이 소속된 팀과 상대 팀에 양해를 구하는 조건으로 주장을 철회하고 팀을 옮길 수도 있습니다. 또한 상대방이 발표할 때 경청하면서 그 주장이나 근거 중에 타당한 것을 메모합니다. 이기는 데 목적을 두는 게 아니라 논리적으로 토론하고 해결 방안을 구안하는 데 중점을 둡니다. 이 모형으로 수업을 하니 학생의 수업 참여도와 성취 기준 도달도가 향상되었고 학생들의 협업 능력이 높아졌습니다. 가장 주목할 점은 경쟁형 토론에서 주춤하는 중하위권 학생들의 발언이 늘어났다는 점입니다.

연구회 회원들은 지난 5년 동안 비경쟁 독서 토론 수업 모형으로 꾸준히 수업을 해왔고, 여러 학교 학생들을 모아 대면 또는 비대면으로 독서 토론 한마당을 열어왔습니다. 그러면서 기록한 자료를 바탕으로 이 책을 씁니다. 책을 쓰는 이유는 두 가지입니다.

첫째, 이렇게 효과적인 토론을 학교에서만 할 게 아니라 가정에서도 함께 하면 좋겠다는 의견이 많았습니다.
둘째, 학부모들이 어떤 책을 어떻게 읽히면 좋을지 알려 달라고 요청하는 경우가 많았습니다.

위의 필요성에 따라 비경쟁 독서 토론 모형을 기반으로 가정에서 시작하는 독서토론 책을 쓰기로 하였습니다. 책의 구성을 주제별로 할지 학년별로 할지 고민하다가 초등학생의 경우 학년별 편차가 크다는 점에 주목해서 저, 중, 고 3개 학년군으로 구성하기로 했습니다. 여기에 나오는 모든 책은 우리 연구회원들이 직접 학교 수업에서 해본 후에 가족이나 친척들과 다시 해보면서 검증했습니다.

독서 토론에 적용하면 유익한 팁들을 소개합니다.

첫째, 독서의 양을 확보하는 '1주 3권 초1 고2' 규칙입니다.

1주일에 3권의 책을 초등학교 1학년부터 고등학교 2학년까지 읽습니다. 3권 중에 1권은 자녀에게 선택하게 하되, 만화책이든 퀴즈책이든 온라인 잡지든 상관하지 말고 자녀의 취향을 존중합니다. 나머지 2권을 부모가 골라줍니다. 1주일에 2권을 골라주기 힘들면 부모가 1권을 고르고 자녀가 2권을 고르면 됩니다. 1년에 2주는 휴식하고 고등학교 1학년까지 읽으면 3권×50주×10년이므로 1,500권입니다. 여기에 고등학교 2학년 때 1주일에 1권씩 읽으면 1,550권이 되지요.

둘째, 독서의 시야를 넓히는 오진분류법을 지킵니다.

학생들이 읽는 책을 보면 문학, 종이접기, 퀴즈 책, 과학 만화 등 특정 분야에 치중된 경우가 많습니다. 책을 편식하는 것은 식사를 편식하는 것만큼 나쁩니다. 한쪽으로 치우쳐 넓은 세상으로 나갈 기회를 놓치지 말고, 십진분류법에 맞춰 10개 영역의 책을 고루 읽게 하면 좋겠지요!

그렇지만 매번 십진분류법대로 하려면 복잡하다는 느낌이 듭니다. 그래서 아래 표처럼 오진분류법으로 줄여보았습니다. 줄여서 '문사철자예'입니다. 이걸 기억하고 자녀가 관심을 가지는 분야에 40~50%를 배정하고 나머지 분야의 책을 안배합니다. 예를 들어 자녀가 동물 생태학에 관심이 많다면 홀수 주에는 동물 생태학과 순수과학 책을 읽고 짝수 주에는 문학, 사회과학, 철학과 종교, 예술 책을 읽습니다.

십진분류법

- 000(총류)   백과사전, 신문, 논문, 향토자료 등
- 100(철학)   논리학, 심리학, 동서양 철학, 윤리학 등
- 200(종교)   불교, 기독교, 이슬람교, 기타 종교 등
- 300(사회과학) 통계학, 경제학, 법학, 정치학, 풍속 등
- 400(순수과학) 수학, 물리학, 화학, 천문학, 동식물학 등
- 500(기술과학) 의학, 농업, 건축, 기계, 전기전자 등
- 600(예술)   음악, 미술, 서예, 사진, 운동 등
- 700(어학)   한국어, 중국어, 일본어, 영어 등
- 800(문학)   동화, 동요, 시, 수필, 소설 등
- 900(역사)   위인전, 탐험기, 지리, 역사 등

오진분류법 약칭 '문사철자예'   박주용

1 문학(어학 포함)
2 사회과학(역사 포함)
3 철학(종교 포함)
4 자연과학(순수과학 + 기술과학)
5 예술

＊ 본 오진분류법은 10년 이상의 소그룹 독서토론 연구를 통해 고안한 방법입니다.

부모는 자녀의 외부에 존재하는 또 하나의 두뇌입니다. 좋은 친구인 동시에 든든한 보호자이며 현명한 조력자가 되어야 합니다. 강제로 책을 읽게 하면 책을 싫어하게 되지 않을까 염려하면서 주춤거리지 마세요. 아이가 좋아한다고 과자만 먹여서 키울 수는 없으니까요. 1주일에 두세 권 정도의 좋은 책을 꾸준히 함께 읽는 것은 운동만큼 좋은 습관입니다.

셋째, 독서의 질을 높이는 독후 활동입니다.

책을 읽는 데서 그치지 말고 글로 써서 깊이를 더합니다. 초등학교 1학년 1학기가 끝날 때쯤이면 한글을 습득합니다. 7월부터 독후 활동으로 쓰기를 시작해도 괜찮습니다. 첫 단계는 책에 있는 한두 문장을 옮겨 쓰고 거기에 대한 자신의 생각과 느낌을 15자 이상으로 쓰는 활동입니다. 15자 이상으로 정한 이유는 그냥 쓰라고 하면 한두 낱말로 끝내는 경우가 생기기 때문입니다. 이때 여름방학을 활용하여 하루에 한 단어씩 감정 단어 공부를 병행하도록 권합니다. 공부한 감정 단어와 예문을 포스트잇 등에 써서 붙여놓고 독후 활동을 하면 생각과 느낌을 쓰기에 수월해집니다.

넷째, 끈질긴 사람이 누립니다.

이게 가장 중요합니다. 미술 재능이 부족하면 작품을 만드는 대신 미술 책을 읽고 미술 작품을 감상하면서 미술품을 향유하는 기쁨을 누리면 됩니다. 소설을 못 써도 소설책을 읽으면서 작가와 소통할 수 있습니다. 독서는 재능을 차별하지 않습니다. 꾸준히 읽다 보면 눈이 높아지고 넓어지며 읽는 속도에도 가속도가 붙습니다.

집에서 시작하는 초등독서토론

독서 토론을 꾸준히 하면 가족 간에 깊은 대화가 많아지고 이것이 쌓이면 가족 문화의 품격도 올라갑니다.

토론의
기초를 잡는
초등 저학년

1.
저학년 시기의
발달 특성

독서에 대한 이미지를 형성하는 시기

초등 저학년 때 아이들은 독서에 대한 이미지를 만들기 시작합니다. 유아기에는 엄마가 읽어주는 책을 듣기만 했지만, 초등학교 입학 이후로는 한글 해득을 통해 스스로 책을 읽을 수 있습니다. 이때 긍정적인 독서 습관이 형성되지 못하면 독서는 점점 어려워지고 힘들어집니다.

아이의 독서 습관을 형성하기 위해 가장 염두에 둘 것은 흥미와 재미입니다. 책이 재미있어야 계속 책을 읽습니다. 독서의 중요성이나 효과를 아무리 설명해도 재미가 없으면 읽지 않습니다. 아이가 즐거워하는 분야의 책을 충분히 허용해주고 마음껏 읽도록 해주어야 합니다. 이 과정에서 형성된 독서에 대한 좋은 이미지는 지속적으로 책을 읽는 습관으로 이어질 것입니다.

소리 내어 읽어야 할 시기

한글을 익히기 시작한 이후 스스로 책 읽기가 가능해지면 눈으로만 읽는(묵독) 경우가 있습니다. 저학년 아이들은 독서 전략이 미흡하기 때문에 묵독하면 모르는 것이 나와도 그냥 지나치는 경우가 많습니다. 그리고 글자를 빠트려 읽거나 다른 글자로 대체하여 읽는 등의 오독을 확인할 수 없어 교정 시기를 놓칠 수도 있습니다. 무엇보다 오독은 내용을 이해하는 데 큰 걸림돌이 되기 때문에 반드시 고쳐야 합니다.

따라서 저학년까지는 엄마와 함께 또는 스스로 소리 내어 읽을 것(낭독)을 추천합니다. 꾸준히 낭독하면 의미 단위로 끊어 읽기, 정확한 발음으로 읽기가 훈련되어 오독을 줄이고 유창하게 읽을 수 있습니다. 그리고 아이가 모르는 내용이나 어휘를 확인할 수 있습니다. 이런 부분에서는 더듬거리거든요. 이때 엄마가 사전적인 의미로 즉각 답을 해주기보다는 문맥에서 의미를 찾는 방법을 알려주면 독서 전략이 향상될 수 있습니다.

매일 꾸준히 읽기 & 간단하게 쓰기

저학년 아이들이 독서가 습관화되기까지 얼마의 시간이 필요할까요? 1학년 교실에서 지켜본 결과 매일 10~20분씩 3개월 정도 읽으니 독서 습관이 자리 잡더군요. 아이의 능력에 따라 집중하는 시간에는 조금씩 차이가 있겠지만 짧은 시간이라도 매일 꾸준히 실천하는 것이 중요합니다. 생활 속에서 독서를 충분히 즐겨 읽으면 조금씩 시간을 늘려나갈 것을 권해 드립니다.

책을 읽으면 단순히 읽은 것으로만 끝내지 말고 기록하도록 합니다.

분량이나 형식에 얽매이지 않고 할 수 있는 만큼, 하고 싶은 대로 기록하면 됩니다. 저학년의 독후활동은 비교적 쉽습니다. 1~2학년 군 교육과정에는 '자신의 생각을 문장이나 짧은 글로 쓰면서 쓰기에 흥미를 갖고 부담 없이 쓰는 태도를 기르는 데 주안점을 둔다'라고 명시되어 있습니다. 책의 내용을 파악하고 간단하게 느낌과 생각을 표현하는 정도면 됩니다.

어휘량 증가의 시작점

어휘량이 많은 아이는 언어 능력이 뛰어날 수밖에 없습니다. 언어 능력은 공부하기 위한 가장 기본적인 도구입니다. 그뿐만 아니라 자신의 생각과 의사를 표현하는 도구이기도 합니다. 이렇게 중요한 언어 능력은 습득한 어휘량에 좌우됩니다. 어휘량을 습득하는 데 최적의 시기

연령	어휘량 증가	연 증가량
7	6,770	
8	7,971	1,271
9	10,276	2,306
10	13,878	3,602
11	19,326	5,448
12	25,668	6,342
13	31,240	5,572
14	36,229	4,989

〈 아동 및 평년의 어휘량 발달표(일본 교육심리학자 사카모토 이치로) 〉

는 바로 초등학교 저학년입니다. 이를 뒷받침해줄 만한 '아동 및 평년의 어휘량 발달표'(일본 교육심리학자 사카모토 이치로)를 참고해 보겠습니다.

이 표에 의하면 8세부터 연 증가량이 1,000단어를 넘으면서 어휘량 증가의 시작점이 됩니다. 어휘량은 꾸준히 증가하여 11세가 되면 매년 5,000단어 이상 증가합니다. 어휘 습득이 왕성한 시기인 만큼 아이의 어휘 학습을 놓치지 않도록 하여야 합니다.

2부 토론의 기초를 잡는 초등 저학년

2.
저학년
토론 방법

토론의 기본 소양 형성하기

　토론은 저학년 학생에게 어려운 활동이라고 생각하고 시도조차 하지 못하는 교실이나 가정이 있을 수 있습니다. 토론이 찬성이나 반대의 입장을 선택하고 자신의 입장을 논리적으로 주장하는 것이라고만 한다면 저학년 학생에게는 불가능한 일이 맞습니다. 그런데 토론에서 바탕이 되어야 할 것은 나와 다른 생각을 존중하는 기본 소양입니다. 토론은 바로 존중의 자세를 갖는 것에서부터 시작합니다. 저학년은 논리적인 주장보다는 자신의 생각을 표현하고 자신과 다른 생각을 존중하는 데 중점 두는 토론을 해야합니다.

　독서토론을 위한 책을 고를 때는 아이가 흥미를 느낄만한 질문을 담고 있으면서 글밥이 많지 않은 그림책을 골라보세요. 아이가 관심 있어 하는 분야나 좋아하는 작가의 책으로 일주일에 한 권씩 꾸준히 2학년까지 토론한다면 100여 권의 책에 대한 자신의 생각을 정리할 수 있고 다른 사람의 생각을 존중하는 태도가 자연스럽게 형성될 것입니다.

일상을 대화하기

"자 지금부터 토론을 시작하지!"로 토론하면 아이들이 즐겁게 참여할 수 없겠지요? 가정에서 토론이 가능하게 하려면 자녀와 일상적인 일부터 대화하는 관계가 되어야 합니다. 일상을 나눌 수 없는 상대와 토론하는 것은 너무 어렵고 숙제 같은 일입니다. 오늘 있었던 일, 느꼈던 일 등 사소한 일부터 어려운 선택을 해야 하는 일 등을 대화해 보세요. 이후 생각을 나누는 토론이 가능한 관계를 형성할 수 있을 것입니다.

질문 만들기

토론 주제를 논제라고 하는데 주로 질문 형식으로 만듭니다. 저학년 때는 부모님이 질문을 만들어 직접 시범을 보여 주는 것이 좋습니다.

글을 제대로 이해했는지에 대한 질문에서 점차 책의 주제에 영향을 주는 사건이나 배경, 인물의 말과 행동 등을 질문으로 만들어 보세요. 백희나 작가의 《알사탕》을 예를 들어 보겠습니다.

- 동동이에게 무슨 일이 일어났지?
- 동동이는 무엇을 사러 갔지?
- 사탕을 먹은 후 어떤 일이 일어났어?
- 쇼파/구슬이가 말하는 것을 듣고 동동이 기분은 어땠을까?

- 아빠는 동동이를 사랑하는 것 같아? 어떻게 알 수 있지?

아이가 어느 정도 책 내용을 이해했다면 논제가 될 만한 질문, 책에 나오는 사실을 바탕으로 자신의 생각을 확장할 수 있는 질문을 만들어 봅니다.

- 동동이는 왜 구슬을 사러 갔을까?
- 동동이는 왜 혼자 놀까? 진짜 혼자 노는 게 좋을까?
- 우리(아이) 같으면 어떤 사탕을 먹고 싶어? 왜지?
- 할머니는 무엇을 걱정하시지?
- 왜 투명한 사탕을 아무 소리가 안 났을까?

이러한 질문을 통해 사고를 확장하고 다양한 생각을 해보고 나와 다른 생각을 경험하는 것만으로도 저학년의 토론은 충분합니다.

자신의 생각을 말하기 & 한두 문장으로 쓰기

질문에 대한 자신의 생각을 적절한 어휘를 사용하여 명확하게 말할 수 있어야 합니다. 주어 서술어의 호응 관계 및 문장 성분에 대한 개념은 몰라도 이러한 형식을 갖출 수 있도록 유도하는 것이 좋습니다.

1~2학년 군 국어과 성취기준에 따르면 ('[2국03-02] 자신의 생각을 문장으로 표현한다.')고 되어 있습니다. 이것은 저학년 아이들은 자신의 생각을 1~2문장으로 충분히 구사할 수 있다는 말입니다. 단, 이때 구어체가 아니라 문어체로 표현해야 합니다. 논제에 대한 자신의 생각을 글

로 적어보아야 생각이 완전히 정리됩니다. 이 과정을 반복하면 할수록 사고력은 향상되고 사고력이 향상되면 글도 잘 쓸 수 있습니다.

도와줄까, 외면할까?

《꽃을 선물할게》
강경수 글·그림, 창비, 2018.

"내가 너를 살려 준다면 거미가 굶겠지?
그건 자연의 법칙에 어긋나는 일이야."
"저는 꽃을 못살게 구는 진딧물을 잡아먹어요.
곰님이 꽃을 좋아하신다면
적어도 한 번쯤은 저를 거미줄에서 구해 줄 의무가 있는 거죠."

친구가 어려움을 겪을 때는 도와줘야 한다고 배웠어요. 그런데 그 친구를 도와줄 경우 또 다른 친구에게 불이익이 생긴다면 선뜻 나서기가 어렵지요. 아무래도 그냥 도와주면 안 될 것 같은 생각이 들기도 합니다. 도움을 요청하는 친구를 도와줄지 외면할지 판단하기 어렵습니다. 《꽃을 선물할게》를 읽으면서 어떤 선택이 현명한지 생각해 봅시다.

내 의견을 뒷받침하는 이유 찾기

숲속에 있는 길에서 무당벌레가 거미줄에 걸려서 탈출하려고 애쓰고 있을 때 곰이 그 곁을 지나갑니다. 무당벌레는 곰에게 애원하고 거짓말도 하며 자기를 구해주는 게 곰의 의무라고 주장합니다.

곰이 어떻게 해야 할지 선택해보고 그 이유를 찾아봅시다. 막연하게 대답한다면 이유가 될 만한 장면을 함께 보면서 힌트를 주는 것도 괜찮은 방법입니다. 타당한 이유를 찾아서, '~이기 때문에 ~해야 합니다.' 형식의 문장을 쓴다면 1학년으로는 만족할 만한 수준입니다. 이때 짧게 쓰는 것을 방지하기 위해 글자 수를 미리 정해주는 방법을 추천합니다. 아이가 두 문장 이상 쓰고 싶다고 하면 장려하고요.

숲이 적막에 잠기는 장면이 있는데, 그때 주인공들이 어떤 생각을 할지 상상해서 말해보는 활동도 재미있습니다. 초등학교 1학년부터 6학년까지 모두 토론할 책으로 선택해도 손색이 없습니다. 고학년 학생의 경우, 이 이야기를 교실에서 폭력이 일어나는 상황으로 생각해서, 곰을 방관자로 보고 무당벌레를 약하지만 얍삽한 학생으로 보기도 합니다.

생각을 확장하는 핵심 질문

① 표지

- 앞표지에 뭐가 보이나요?
- 앞표지에 나오는 발은 어떤 동물의 발일까요?
- 무당벌레의 기분은 어때 보여요?
- 누가 누구에게 꽃을 선물했을까요?
- 앞표지의 바탕색을 왜 검은색으로 했을까요?
- 뒤표지에 나오는 하얀 동물은 뭔가요?

② 이야기 속으로 들어가기

- 곰의 전체 모습이 안 보이고 일부만 보이네요. 왜 이렇게 그렸을까요?
- 아침에 곰이 무당벌레를 놔둔 채 그 자리를 떠났잖아요. 무당벌레는 어떻게 되었을까요?
- 곰이 무당벌레가 있는 길을 세 번이나 지나가는데 왜 그랬을까요? 볼 일이 있었을까요? 무당벌레가 어떻게 되었는지 궁금해서 그랬을까요? 아니면 다른 이유가 있었을까요?
- 무당벌레가 곰에게 거짓말을 하는데 살기 위해서 거짓말을 하면 봐줘야 하나요?
- 숲이 깊은 적막에 잠겼을 때 곰이랑 무당벌레랑 거미가 깨어 있다면 무슨 생각을 했을까요?
- 누가 거미줄을 끊었을까요?

비경쟁 독서토론

사회자 곰이 무당벌레를 구해줘야 한다고 생각하나요?

구해줘야 한다고 응답하면
사회자 왜 그렇게 생각하는지 이유를 말해주세요.

찬 성 무당벌레가 불쌍해요. 구해달라고 부탁하니까 도와줘야 해요. 꽃을 못살게 구는 진딧물을 잡아먹어요.

사회자 그럼 '무당벌레는 ▇▇이유▇▇ 구해줘야 합니다.'라는 문장으로 써보세요.

사회자 이번에는 거미 편에서 생각해 보세요. 거미가 곰과 무당벌레의 대화를 듣는다면 곰에게 뭐라고 할 것 같은가요?

찬 성 내가 무당벌레를 잡았으니까 내 거야. 너는 그냥 가.

사회자 그런데도 곰이 무당벌레를 구해준다면 거미는 굶게 되겠지요. 이 문제는 어떻게 하지요?

찬 성 거미는 다른 걸 잡아먹어요.

사회자 거미가 무당벌레 대신 어떤 걸 잡아먹으면 좋을지 다른 책이나 인터넷에서 찾아봅시다.

구해주지 말아야 한다고 응답하면
사회자 왜 그렇게 생각하는지 이유를 말해주세요.

반 대 거미가 거미줄을 쳐서 무당벌레를 잡았으니까 무당벌레는 거미 거예요. 무당벌레를 구해주면 거미가 굶어요.

사회자 그럼 '무당벌레를 구해주면 [이유] 구해주면 안 된다.'라고 써보세요.

사회자 그런데 무당벌레가 구해달라고 여러 번 부탁하잖아요. 친구가 도와달라고 할 때 도와줘야 착한 거 아닌가요?.

반 대 도와달라고 하면 도와줘야 해요.

사회자 도와주려는 마음이 착한 마음이지만, 나쁜 사람이 나쁜 짓을 하려고 거짓말로 도와달라고 할 수도 있어요. 예를 들어 모르는 사람이 어린이를 유괴하려고 길을 모르는데 함께 차를 타고 가면서 길을 알려달라고 하면 도와줘야 하나요?

반 대 도와주면 안 돼요.

사회자 그래요. 다른 사람을 도와줄 때는 그게 맞는지 안 맞는지 깊이 생각해봐야 해요. 착한 마음으로 도와줬는데 나쁘게 이용될 수도 있으니까요.

《감기 걸린 물고기》, 박정섭 글·그림, 사계절, 2016.

아귀는 물고기떼에게 헛소문을 퍼뜨리고 물고기들은 거기에 현혹되어 분열돼 피해를 입고 서로 다툽니다. 뒤늦게 일부 물고기들이 소문의 진위에 대해 의문을 제기합니다. 물고기들이 와글와글 이야기를 나누는 장면이 두 곳 있는데, 말주머니를 포스트잇으로 가리고 대사를 써보면 재미있습니다.

《나는 두 개 너는 한 개》, 외르크 뮐레 글·그림, 임정희 옮김, 주니어김영사, 2020.

곰과 족제비가 버섯을 많이 차지하려고 대립하면서 긴장감이 높아집니다. 주인공들의 표정과 숲속 풍경이 어떻게 변해가는지 살펴보세요. 또 앞뒤 표지의 그림이 어떻게 다른지 대조해보면 좋습니다. 버섯을 한 개 반씩 나누어 먹는다고 결론을 내면 싱겁지요. 이 경우 반으로 쪼개면 가치가 떨어지는 물건(포켓몬 카드 등)이라면 어떻게 나누는 것이 좋을지 질문을 던져 보세요. 자녀들의 생각을 넓힐 수 있습니다.

선물이란?

《슈퍼스타 우주 입학식》
심윤경 글, 윤정주 그림, 사계절, 2012.

"우와! 할머니가 호찬이를 위해서 이렇게 멋진 옷을 사 오셨네!

호찬아, 정말 멋지지 않니?"

"내가 무슨 까마귀야? 이런 옷을 입게."

우리에게 선물은 그 자체로 뿐만 아니라 기대와 설렘을 선사합니다. 선물하는 이는 상대가 얼마나 기뻐할지, 선물 받는 이는 어떤 선물일지 기대하기 마련이지요. 서로 뜻하는 바를 이루면 참 좋겠지만 때론 원치 않은 선물도 상대방의 실망스러운 얼굴도 마주하게 됩니다. 그렇게 되면 주는 사람에게도 받는 사람에게도 선물은 어렵게만 느껴집니다. 《슈퍼스타 우주 입학식》을 읽고 선물을 주고받는 서로의 입장을 살펴보면서 선물에 대한 의미도 다시 한번 생각해보는 시간이 되었으면 합니다.

타인과 나를 존중하는 법

내일은 드디어 입학식. 초등학교 1학년에 입학하는 호찬이는 할머니께서 주신 입학 선물 상자를 열어보고 실망감을 감출 수 없습니다. 호찬이는 마음에 들지 않는 이 문제의 선물을 과연 어떻게 할까요?

1~2학년 친구들이 생일, 어린이날, 크리스마스 등 그토록 이날만을 기다리는 이유는 바로 '선물' 때문입니다. 그런데 아이들은 물질적인 선물에만 관심을 갖진 않나요? 당연하고 쉬워 보이는 선물 이면에 담긴 진심에도 귀 기울일 줄 아는 법을 배워야 합니다. 인간은 함께 어우러져 살아가는 존재이고, 선물은 그런 존재들과 마음을 나누는 일이기 때문이죠. 그러므로 우리는 아이들이 타인과 나를 모두 존중할 수 있는 방법을 생각할 수 있는 힘을 길러주고 찾아갈 수 있도록 안내해주어야 합니다. 할머니의 선물을 받은 호찬이는 어떻게 하면 좋을지, 내가 호찬이라면 어떻게 할지 그 이유와 함께 생각해보면서 삶을 살아가는 지혜에 대해 배워봅시다.

생각을 확장하는 핵심 질문

① **표지**
- 앞표지에 뭐가 보이나요?
- 가운데 아이는 무엇을 하고 있나요?
- 아이는 왜 그러고 있을까요?
- 나머지 사람들의 표정(마음)은 어떤가요?
- 제목이 '왜 슈퍼스타 우주 입학식'일까요?
- 뒤표지에 있는 아이는 무엇을 하고 있는 걸까요?

② **이야기 속으로 들어가기**
- 할머니는 왜 맨날 호찬이의 마음에 들지 않는 옷만 사주는 것일까요?
- 호찬이가 "내가 무슨 까마귀야? 이런 옷을 입게?"라고 말했을 때 할머니의 마음은 어땠을까요?
- 같은 옷을 보고도 엄마와 호찬이의 반응은 왜 이렇게 다를까요? 내가 호찬이라면 이 상황에서 어떻게 할 것 같나요?
- 호찬이는 왜 엄마와 할머니께 자신이 꾸미고 있던 옷을 보여주지 않으려고 했을까요?
- '난 세상에서 제일 멋진 슈퍼스타 우주 호찬이다!'라고 외친 이유는 무엇일까요?
- 호찬이의 옷을 본 교장선생님의 반응은 왜 다른 사람들과는 달랐을까요?

비경쟁 독서토론

사회자 호찬이처럼 선물로 받은 마음에 들지 않는 옷을 꾸며도 될까요?

꾸며도 된다고 응답하면

사회자 호찬이가 옷을 꾸며도 되는 이유를 1~2가지 써보세요.

찬 성 이제 호찬이 것이 되었으니까, 마음대로 해도 돼요. 더 멋진 옷이 되니까 좋아요.

사회자 그렇다면 이번에는 선물을 주신 할머니의 입장에서 생각해 보세요. 큰맘 먹고 손자를 위해 백화점에서 비싼 옷을 사왔는데 그 옷이 엉망이 되었다면 어떨 것 같나요?

찬 성 기분이 안 좋아요. 실망할 것 같아요. 슬퍼요.

사회자 앞으로 선물을 주고받을 때 이런 일이 계속 반복될 경우 어떻게 하면 좋을까요? 할머니에게도, 호찬이에게도 모두 좋은 방법이 있을까요?

찬 성 할머니와 호찬이가 같이 선물을 고르러 가면 좋을 것 같아요.

사회자 그러면 호찬이는 어떤 점이 좋을까요?

찬 성 호찬이는 자기가 원하는 선물을 고를 수 있어요.

사회자 그렇다면 할머니는 어떤 점이 좋을까요?

찬 성 기뻐하는 호찬이를 보고 할머니도 덩달아 흐뭇해져요.

꾸미면 안 된다고 응답하면

사회자 호찬이가 옷을 꾸미면 안 되는 이유를 1~2가지 써보세요.

반 대 할머니한테 죄송하니까요. 비싼 옷이라서요.

사회자 그런데 할머니 기분을 생각해서 마음에 들지 않는 선물을 마음에 드는 척한다면 앞으로 어떻게 될 것 같나요?

반 대 다음번에도 같은 선물을 주실 것 같아요.

사회자 그러면 할머니의 마음도 상하지 않고, 호찬이도 자신이 마음에 드는 선물을 받는 방법은 없을까요?

반 대 할머니 기분이 상하지 않게 자신의 마음을 솔직하게 이야기해요. 할머니께 미리 받고 싶은 선물을 이야기해요.

사회자 그러면 할머니는 어떤 점이 좋을까요?

반 대 호찬이가 무엇을 좋아하는지 알 수 있어요.

사회자 호찬이는 어떤 점이 좋을까요?

반 대 자기가 원하는 선물을 받을 수 있어요.

사회자 그래요, 혹시 비슷한 고민을 가지고 있다면 솔직한 마음을 담아 편지를 써 보는 것도 좋을 것 같아요.

《화해하기 보고서》, 심윤경 글, 윤정주 그림, 사계절, 2011.

매일 투닥투닥하는 은지와 엄마. 이렇게는 안 되겠다 싶어 서로의 속마음을 '화해하기 보고서'에 써 내려가 보기로 합니다. 이처럼 자녀들과 문제가 생길 땐, 일방적으로 혼을 내는 것보다는 함께 대화를 나누며 앞으로의 방향에 대해 이야기를 나누는 것이 좋습니다. 막연하게 이야기를 시작하는 것이 어렵다면 은지와 엄마처럼 '화해하기 보고서'로 자녀들과 마음속에 담아두었던 이야기를 시작해 보세요!

《화산 폭발 생일파티》, 심윤경 글, 윤정주 그림, 사계절, 2013.

친구 규태의 생일파티를 망치게 된 호찬이 때문에 규태는 울고 엄마는 화가 났습니다. 과연 호찬이는 다가올 자신의 생일파티를 열 수 있을까요? 어떻게 하면 이 상황을 수습할 수 있을까요? 호찬, 규태, 엄마의 다양한 입장에서 생각해보고 호찬이가 지혜롭게 문제를 해결할 수 있도록 도와주세요!

태울까, 말까?

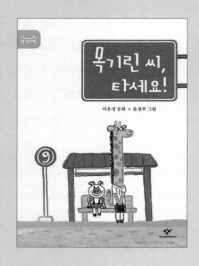

《목기린 씨, 타세요!》
이은정 글, 윤정주 그림, 창비, 2014.

"버스 천장을 없애면 어떨까?" "비가 오면 다 젖잖아!"
마을회관에서 열린 주민 회의는 밤늦도록 이어졌어요.
목기린 씨는 버스를 탈 수 있을까요?

다른 것은 틀린 것일까요? 차이는 차별을 낳는 것일까요? 우리 주변에서 보통이라는 기준을 벗어나면 우리는 쉽게 '틀렸다' 또는 '차이가 난다'라고 말을 합니다. 하지만 그 기준은 사람마다 지역마다 나라마다 다를 수 있기 때문에 자로 재듯 정할 수 없습니다. 모두에게 평등하다는 것은 비용과 시간이 엄청나게 드는 일이거나 아예 불가능할 수도 있습니다. 그렇다고 특정인에게 유리한 상황을 선택하는 것도 문제입니다. 차이가 있을 때 우리는 어떤 해결책으로 차별을 예방할 수 있을까요?

차이 vs 차별

목기린씨는 하루도 빠짐없이 마을회관으로 편지를 씁니다. 여덟 정거장을 걸어 다니는 본인을 위해 마을버스 천장을 높여 달라는 내용입니다. 천장을 높이는 일로 마을 주민들의 열띤 회의가 열렸습니다. 찬성하는 의견과 반대하는 의견이 팽팽합니다.

다름을 인정하는 것은 함께 살아가는 공동체가 서로를 존중하는 일입니다. 하지만 누군가 손해를 보거나 불리한 상황에 놓일 수 있습니다. 오늘의 주인공 목기린씨가 그렇습니다. 목이 길어 버스를 탈 수 없는데요. 버스 천장을 높이는 것이 맞을까요? 불편해도 목기린씨가 걸어 다니는 것이 맞을까요? 47쪽까지 읽고 토론을 진행하면 책의 내용에 영향을 받지 않고 자신의 의견을 낼 수 있으니 참고하세요.

2부 토론의 기초를 잡는 초등 저학년

생각을 확장하는 핵심 질문

① 표지

- 앞 표지와 뒤 표지에서 어떤 그림들이 보나요?
- 표지에 보이는 그림들을 이야기해 볼까요?
- 돼지와 기린의 다른 점은 무엇인가요?

② 이야기 속으로 들어가기

- 목기린씨가 매일 마을회관으로 편지를 보내는 이유는 무엇인가요?
- 고슴도치 관장님은 이 문제를 왜 적극적으로 해결하지 않나요?
- 바람을 타는 기분은 어떤 기분일까요?
- 주민들이 목기린씨를 보고 왜 고개를 돌렸을까요?
- 목기린씨와 동료들이 함께 즐겁게 이야기하는 방법은 무엇일까요?
- 꾸리는 왜 같이 편지를 보내면 효과가 있을 것으로 생각했을까요?
- 꾸리는 왜 목기린씨를 계속 도우려는 아이디어를 낼까요?
- 마을 주민들의 의견들을 하나씩 살펴보고 이야기 나눠 봅시다.

비경쟁 독서토론

사회자 목기린씨는 버스를 타야 할까요?

타야 한다고 응답하면

사회자 왜 그렇게 생각하는지 이유를 말해주세요.

찬 성 목기린씨도 이 마을에 이사 온 마을 주민이에요. 마을버스는 모든 주민이 자유롭게 이용할 수 있기 때문이에요.

사회자 그럼 '목기린씨는 ⬛이유⬛ 버스를 타야 합니다.'라는 문장으로 써보세요.

사회자 버스를 타게 되면 버스를 개조해서 다시 만들어야 하는데, 어떤 버스 모양으로 만들면 될까요?

찬 성 (아이와 다양한 버스 모양을 상상해 보세요.)

사회자 그런 방법이 있군요. 그런데 버스를 다시 만들려면 돈이 많이 필요한데, 그 비용은 어떻게 마련할 수 있을까요?

찬 성 (아이와 비용을 마련하는 방법을 생각해 보세요.)

사회자 좋은 방법이에요. 그러면 이 화목 마을 모든 주민이 버스를 이용할 수 있을 것 같아요. 비용을 마련하는 방법을 한두 문장으로 써보세요.

버스를 타지 말아야 한다고 응답하면

사회자 왜 그렇게 생각하는지 이유를 말해주세요.

반 대 기린이 화목 마을에 이사 오기 전 마을 주민들을 위한 버스는 잘 운영되고 있었어요. 목기린씨 때문에 버스를 다시 만들면 오히려 다른 주민들이 불편해질 거예요.

사회자 그럼 '목기린씨는 (이유) 버스를 타면 안 된다.'라고 써보세요.

사회자 그런데 여덟 정거장이나 걸어 다니려면 너무 힘들잖아요. 엄연히 마을 주민인데. 이렇게 힘들게 다니는 목기린씨에게 마을에서 어떻게 도움을 줄 수 있을까요?

반 대 (목기린씨를 돕는 방법을 생각해 보세요.)

사회자 좋아요. 이런 방법으로 목기린씨가 이동할 때 타면 되겠군요. 목기린씨를 돕는 방법을 한두 문장으로 써보세요.

집에서 시작하는 초등독서토론

《네 마음을 알고 싶어》, 피오나 로버튼 글·그림, 이정은 옮김, 사파리, 2022.

두 주인공이 함께 겪은 일을 각자의 입장에서 아주 다르게 이야기를 합니다. 여자아이는 작고 이상한 새 친구를 만나 친절과 배려를 베풀지만, 작고 이상한 동물은 여자아이를 크고 끔찍한 동물이라고 말하네요. 내가 베푼 친절과 배려가 진정 상대를 위한 것이었는지 다시 한 번 생각해 볼 수 있는 그림책입니다.

《사실대로 말했을 뿐이야》, 패트리샤 맥키삭 글, 지젤 포터 그림, 마음물꼬 옮김, 고래이야기, 2022.

아무리 진실이라도 있는 사실 그대로 말해도 될까요? "너 옷에 구멍이 났어.", "너 급식비 선생님이 대신 내주셨지?" 어떻게 하면 상대방이 기분 나쁘지 않게 사실을 받아들일 수 있을까요? 어떤 사실은 알아도 모르는 척 넘어가야 할 때가 있답니다. 진실을 말할 때 상대를 배려하는 예쁜 방법에는 어떤 것이 있을까요?

자연과 상상

《 씨앗은 무엇이 되고 싶을까? 》
김순한 글, 김인경 그림, 길벗어린이, 2001.

"풀과 나무도, 채소와 곡식과 과일도 처음에는 한 알의 씨앗이었어."

"이것은 어떤 씨앗일까?"

작은 씨앗 하나가 있습니다. 작고 동그란 씨앗입니다. 이 씨앗 안에는 어떤 생명이 잠들어 있을까요? 작은 씨앗이 무엇이 될지 상상하는 일은 즐겁습니다. 이렇듯 우리 주변의 자연은 아이의 상상력을 자극합니다. 작은 씨앗으로 시작하는 이 그림책을 따라가다 보면 아이들은 눈이 휘둥그레집니다.

"씨앗이 숲이 된다고요?"
"우리가 먹은 수박이랑 딸기가 저렇게 작은 씨앗에서 큰다고요?"

믿기 어렵겠지만, 사실입니다. 우리 아이들도 마찬가지입니다. 아주 작은 시작이 위대한 생명을 이룹니다. 그 속에서 마음껏 상상해보기를 바랍니다.

상상해보기

여러 가지 씨앗을 준비해 봅니다. 여름에는 과일을 많이 먹기 때문에 씨앗을 구하기가 좋습니다. 씨앗을 보며, 이 씨앗은 커서 무엇이 될지 이야기를 나눠보세요. 거꾸로 여러 열매와 과일을 준비하고 이 열매 속에는 어떤 씨앗이 들어 있는지 상상해 봐도 좋습니다. 그리고 흙과 작은 화분에 씨앗을 심어 보세요. 그 씨앗에 정성을 들이면 새싹부터 줄기, 잎, 그리고 열매까지 차례대로 나올 거예요. 그러면서 아이는 자연과 생명을 함께 배워갑니다. 작은 생명이 커나가는 일을 자세히 관찰하면서 과학을 시작하세요. 매일매일 커나가는 식물을 보는 재미가 쏠쏠합니다. 씨앗 하나가 다시 씨앗 여러 개를 맺을 때, 아이는 무슨 말을 할까요?

생각을 확장하는 핵심 질문

① 표지

- 앞표지와 뒤표지에서 어떤 그림들이 보이나요?
- 내가 알고 있는 씨앗이 있나요?
- 땅속에 있는 작은 동그라미는 무엇일까요?
- 뒤표지에 있는 새싹들은 무슨 새싹일까요?

② 이야기 속으로 들어가기

- 작은 씨앗이 땅에 떨어졌어요. 씨앗은 꽃이 되고 싶을까요? 나무가 되고 싶을까요?
- 흙 속에 있는 씨앗은 얼마나 지나야 싹이 나올까요?
- 흙이 없다면 씨앗은 어디에서 자랄까요? 계속 잠만 자고 있을까요?
- 씨앗에서 가장 처음 꿈틀대며 나오는 것은 무엇일까요?
- 봉숭아 씨앗이 바싹 오그라들더니 갑자기 탁 터져 버린 이유가 무엇일까요?
- 우리 주변에는 어떤 식물들이 있나요? 우리 집에서도 찾아볼까요?
- 씨앗마다 모양이 다 다르네. 어떤 씨앗이 가장 신기한가요?
- 책에 나오는 수많은 씨앗 중에 어떤 씨앗을 기르고 싶나요?
- 얼마나 많은 씨앗이 모여야 숲을 이룰 수 있을까요?
- 여기 있는 이 씨앗(실제 씨앗 준비)은 무엇이 될까요? 그럼, 이 씨앗을 심고 관찰해 볼까요?
- 추운 겨울 동안 씨앗은 어디에서 봄을 기다리고 있을까요?

비경쟁 독서토론

사회자   씨앗은 꽃이 되고 싶을까요, 나무가 되고 싶을까요, 아니면 채소나 곡식이 되고 싶을까요, 숲이 되고 싶을까요?

자녀 1   책에 있는 씨앗이 봉숭아꽃이 되었잖아요. 해바라기도 되고 코스모스도 되고, 장미도 되고, 제가 가진 씨앗은 예쁜 꽃이 될 거예요.

자녀 2   씨앗은 나무가 될 거예요. 단풍나무, 소나무, 진달래꽃, 개나리꽃, 도토리나무가 생각이 나요.

사회자   꽃은 피기만 하고 질까요? 봉숭아랑 해바라기랑 코스모스가 지고 나면 어떻게 될까요?

자녀 1   꽃이 지고 난 다음에는 열매가 돼요. 다시 씨앗이 주렁주렁 열렸어요.

사회자   숲에 있는 모든 것이 씨앗에서 시작될까요? 숲에 사는 다람쥐, 나비, 토끼, 곰도 씨앗에서 태어날까요?

자녀 2   동물들이나 곤충들은 씨앗이 아니라 새끼로 태어나거나 알에서 태어나요.

   아이와 주변을 관찰해 볼까요? 우리는 아는 만큼 볼 수 있고, 자연은 자세히 보아야 보입니다. 냉장고에 있는 채소들을 꺼내 보세요. 어떤 건 잎이고, 어떤 것은 뿌리입니다. 씨앗도 있어요. 쌀통에 있는 쌀도 보여주세요. 우리는 자연과 떼려야 뗄 수 없는 관계입니다. 무엇보다 좋은 것은 씨앗을 직접 심어 매일매일 얼마나 자라는지 자세히 보는 겁니다.

사회자　우리 주변에서 볼 수 있는 씨앗에는 또 어떤 것이 있을까요?

자녀1　수박을 먹을 때, 검정 씨앗을 볼 수 있어요. 토마토 속에도 사과 속에도 작은 씨앗이 있어요. 복숭아에도 씨가 있어요.

자녀2　당근이랑 양파도 씨앗이에요? 우리가 먹는 배추는 어떤 씨앗에서 나온 거예요?

　1학년 통합교과 교과서 《봄》에는 '씨앗'이 어떻게 자라는지 몸으로 표현해보는 활동이 있습니다. 더불어 씨앗도 심어보고 길러 보기도 합니다. 자연을 잘 아는 아이는 자연을 해칠 수 없습니다. 씨앗의 소중함을 아는 아이는 생명을 소중히 여기는 사람으로 자라납니다. 우리 아이들이 어떤 씨앗이 되고 싶은지 함께 생각해보며 여러 생각을 나눌 수 있는 주제가 그림책에 담겨 있습니다.

《개구리도 핫초코를 마시나요?》, 에타 카너 글, 존 마르츠 그림, 명혜권 옮김, 푸른숲주니어, 2021.

　책 표지에 개구리 한 마리가 핫초코를 끌어 안고 있습니다. 겨울이 되면 핫초코를 마시고 온천을 즐기는 사람들을 떠올려봅니다. 그렇다면 우리 동물들은 혹독한 겨울을 이겨내기 위해 어떻게 생활할까요? 개구리, 펭귄, 북극곰, 고래까지 아이들과 친숙한 친구들의 똑똑한 겨울나기를 알아볼 수 있는 책입니다. 재미있는 질문으로 호기심을 불러 일으키며 이야기를 시작하는 책. 여기 나오는 동물 말고도 주변의 나비, 귀뚜라미 같은 곤충들은 어떻게 되는지 알아보세요.

《새들은 왜 깃털이 있을까?》, 멜리사 스튜어트 글, 세라 S. 브래넌 그림, 이우신 옮김, 다섯수레, 2014.

　'깃털의 쓰임새 16가지'라는 부제를 달고 있는 책입니다. 하나의 사물을 자세히 관찰하고 골똘히 생각해보는 활동은 자연과학의 출발점입니다. 작가는 새의 깃털이 어떤 일을 하는지 자세히 관찰하여 하나씩 제시합니다. 평소 그냥 지나친 일들을 하나씩 탐구해나가는 과학자들의 여정에 아이들을 초대해 보세요. 사물과 비교한 부분은 아이들의 직관력을 넓혀줄 거예요. 이제 집에 있는 물건 중 하나를 골라 깃털처럼 어떻게 쓰이는지 관찰 일기를 써 볼까요?

개가 똥을 누는 방향은?

《엉뚱하지만 과학입니다－① 개가 똥을 누는 방향은?》
원종우 · 최향숙 글, 김성연 그림, 와이즈만북스, 2022.

위대한 발견은 대개 사소한 일상에서 비롯된다.

－ 렌 피셔

개가 똥을 누는 방향이 정해져 있을까요? 어떤 과학자들이 개의 똥과 오줌을 누는 방향이 궁금하다고 무려 2년 동안 관찰했다고 합니다. 그리고 신발 위에 양말을 신고 비탈길을 내려오는 실험도 했다니 정말 엉뚱하죠? 이 책에는 이런 재미난 이야기들이 실려 있습니다. 찬찬히 읽어보면 과학이 실험실 안에만 있는 게 아니라 우리 생활 속에도 가득하다는 걸 알 수 있습니다.

사소한 일상에서 과학자의 눈 키우기

밥을 먹을 때 골고루 먹어야 하는 것처럼 책도 고루 읽는 게 좋습니다. '독서토론 들어가기'에 소개해드린 오진분류법(문학, 사회과학, 철학, 자연과학, 예술, 줄여서 '문사철과예')처럼 여러 분야의 책을 고루 읽도록 챙겨줄 필요가 있습니다.

1학년 학생들과 함께 읽을 과학책을 찾으려고 서점에 갔다가 이 책을 발견하고 깔깔 웃었습니다. 그리고 집에 와서 끝까지 단번에 읽었답니다. 하지만 자녀들과 과학책을 함께 읽을 때는 책을 그냥 주지 마세요. 부모님께서 먼저 읽은 후에 한 번에 한 가지 주제로 이야기를 나눠보세요. 질문하고 답을 차근차근 찾아가면서 읽는 게 효과적입니다.

학년이 올라가면 용어를 정의해보고 문제의 원인도 파악해보는 등 차근차근 단계를 밟아가며 과학 토론을 하겠지만, 1~2학년 학생들에게는 일상에서 호기심을 가지고 자세히 들여다보는 관찰부터 시작하는 게 좋습니다. 이 책을 통해 과학에 흥미를 키우고 과학자들의 끈기도 배우도록 해주세요.

생각을 확장하는 핵심 질문

① 동기를 유발하는 질문하기

- 개가 건물 밖에서 똥이나 오줌을 누는 걸 본 적이 있나요?
- 개가 오줌을 눌 때 다리를 드는 걸 봤나요?
- 개가 공원에서 산책하다가 갑자기 똥이나 오줌이 마려우면 오른쪽을 보고 눌까요? 왼쪽을 보고 눌까요?
- 개가 공원에서 산책하다가 갑자기 똥이나 오줌이 마려우면 가까운 산을 향해 눌까요? 강(시냇물)을 향해 눌까요?
- 개가 공원에서 산책하다가 갑자기 똥이나 오줌이 마려워졌는데 가까운 곳에 큰 나무가 보인다면, 나무에 똥이나 오줌이 묻게 눌까요? 아니면 한 발 넘게 떨어져서 눌까요?
- 개가 오르막길을 올라가고 있는데 갑자기 똥이나 오줌이 마려웠어요. 가는 방향 그대로 높은 쪽을 보고 눌까요, 아니면 돌아서서 낮은 쪽을 보고 눌까요?

어느 날 문득 개가 어느 방향으로 똥이나 오줌을 누는지 궁금할 수 있어요. 평범한 사람들은 그냥 지나쳤겠지만, 과학자들은 궁금한 걸 끝까지 파고드는 데 으뜸이거든요. 그래서 진짜 연구를 시작했대요. 독일과 체코에서 2년 동안 37종의 개 70마리가 똥과 오줌을 누는 걸 관찰했대요. 똥 냄새를 참아가면서 1,803번이나 관찰을 하다니 정말 대단하죠! 오줌 누는 걸 관찰한 횟수는 그것보다 훨씬 많아요.

비경쟁 독서토론

과학은 사소한 일상을 자세히 들여다보는 관찰에서 시작된답니다. 똥 냄새를 참아가면서 1,803번이나 관찰하다니 끈기가 대단하죠. 이렇게 끈기 있게 뭔가를 해내는 걸 엉덩이가 무겁다고 표현해요.

과학자들은 개들이 똥이나 오줌을 누는 방향이 따로 있다는 걸 찾았대요. 우리도 이걸 실제로 관찰해 볼까요? 그런데 나침반이 필요하답니다. 나침반이 없어도 걱정 마세요. 휴대폰에 나침반 앱이 있을 거예요. 나침반을 함께 봅시다. 동쪽은 아침에 해가 뜨는 방향이고, 서쪽은 저녁에 해가 지는 방향입니다. 남쪽은 펭수의 고향이 있는 남극이고, 북쪽으로 올라가면 북극에서 북극곰을 만날 수도 있어요.

이제 나침반을 가지고 밖에 나가서 개를 찾아보세요. 없다고요? 포기하지 마세요. 언젠가는 똥이나 오줌을 누는 개를 만날 수 있을 거예요. 꽤 여러 번 관찰해야 해요. 가끔 다른 방향으로 누는 경우도 있다고 하니까요.

개를 관찰하는 데 몇 달이 걸릴 수도 있으니까 그건 느긋하게 하고, 며칠 내로 해결할 수 있는 질문에도 답해봅시다.

사회자 몸무게 5,000kg인 코끼리와 몸무게 5kg인 고양이 중에 누가 오줌을 빨리 눌까요?

자녀 1 코끼리요. 힘이 세니까 오줌이 세게 나와서 금방 눠요.

자녀 2 고양이는 몸이 작으니까 오줌을 조금 눠서 금방 눠요.

사회자 과학자들은 동물의 소변 누는 시간이 몸집과 관련이 있는지 알고 싶어서 오줌 누는 시간을 쟀대요. 그런데 코끼리와 고양이만 시간을 재면 사람들이 두 종류니까 믿을 수 없다고 할지도 몰라요. 그럼 어떻게 하지요?

자녀 2 다른 동물들도 재요.

사회자 그래요. 그런데 몸집이 다른 동물들이 오줌 누는 걸 보려면 어떻게 해야 하나요?

자녀 1 동물원에 가서 봐요.

사회자 아하, 그렇게 하면 되겠네요. 하지만 동물원에 가서 동물들이 똥이나 오줌을 누는 걸 기다리려면 힘들겠지요. 과학자들은 동물원에 가지 않고 답을 찾았대요. 도대체 어떻게 했을까요?

집에서 시작하는 초등독서토론

《북극곰에게 냉장고를 보내야겠어》, 김현태 글, 이범 그림, 휴먼어린이, 2011.

이 책에는 아이스 아저씨와 귀여운 꼬마바다표범, 꼬마눈토끼, 꼬마 곰들이 등장해요. 아이스는 북극에서 아이스크림 가게를 하고 있어요. 그런데 북극의 온도가 점점 높아지니까 아이스크림이 녹아내려서 냉장고가 필요하대요. 이 책으로 지구 온난화가 무엇이고 우리에게 어떤 영향을 미치는지 공부할 수 있어요. 지구 온난화를 막으려면 우리 어린이들이 무엇을 해야 하는지 생각해 봅시다.

《토마토의 비밀》, 야마구치 스스무 글·사진, 염기원 옮김, 한림출판사, 2009.

자연 사진과 과학 지식을 담은 이야기가 나오는 책입니다. 달맞이 과학그림책 세트는 12권인데 이 책을 고른 이유는 학교 텃밭이나 아파트 베란다 등에서 토마토를 재배하는 경우가 많기 때문입니다. 토마토가 어떤 방법으로 벌레를 쫓는지 이 책을 옆에 두고 실제로 토마토를 관찰해 보세요. 돋보기를 준비해서 자세히 들여다보면 더 좋고요. 관찰하다가 거미를 만나면 근사할 거예요. 다른 벌레들은 독을 가지고 있을지도 모르니까 만지지 말고요.

약속을 어길 수 있을까?

《나는 약속을 지켜요》
다카하마 마사노부 글, 히야시 유미 그림, 김보혜 옮김,
피카주니어, 2021.

"다 함께 '약속'을 지키면 우리 모두 안전하고 기분 좋게 지낼 수 있어요."
"눈에는 안 보이지만 중요한 거예요. 만질 수는 없지만 소중한 거고요."

'약속'은 개인끼리 할 수도 있고 사회와도 할 수 있습니다. 약속은 서로 간의 신뢰를 바탕으로 이루어지는 경우가 많습니다. 꼭 지키겠다는 의지로 새끼손가락을 걸고 엄지 손가락 도장까지 찍어야 하는 것을 보면 약속을 지키는 것이 쉬운 일은 아닌 것 같군요. 이 책은 개인 간 이루어지는 약속과 사회 속에서 안전한 관계를 맺기 위한 약속을 소개하고 있습니다. 상대를 배려하고 나를 지키는 약속. 그런데 약속은 무조건 지켜야 할까요?

약속의 양면성

약속을 지키면 너와 나의 안전이 보장되고 서로 신뢰를 쌓을 수 있습니다. 또 사회에서 정한 약속은 강제성이 가미되어 어겼을 때는 벌을 받기도 하죠. 하지만 모든 상황에서 늘 약속을 지킬 수 있을까요? 약속을 지키는 일이 성격적으로 어려운 경우, 시간상으로 불가능할 경우, 또는 긴박한 상황에서 어쩔 수 없는 경우에는 어길 수 있지 않을까요? 철두철미하게 약속을 지키는 사람은 다가가기 어렵고 뭔가 딱딱해 보이지만 신뢰 하나만큼은 보장된 사람일 것입니다. 반대로 이핑계 저 핑계 대며 약속 어기기를 밥 먹듯 하는 사람은 인간적으로 다가가기는 쉬워도 신뢰하기는 어렵죠. 양면의 모습을 가진 약속의 얼굴! 오늘 우리 아이들과 약속에 관해 이야기를 나눠보세요. 우리 아이의 성향을 알 수 있을 겁니다.

생각을 확장하는 핵심 질문

① 표지

- 앞표지와 뒤표지에서 어떤 그림들이 보나요?
- 등장인물들의 표정은 어때요?
- 뒤표지에 나오는 약속 중에서 지키기 어려운 것이 있나요?

② 이야기 속으로 들어가기

- 미안한 마음을 표현했는데 친구가 그 마음을 안 받아주면 어떡하죠?
- 피망을 싫어하는데 먹어야 할까요?
- 좋아하는 음식만 먹으면 어떤 일이 생길까요?
- 스스로 대답하기 힘든 경우, 용기를 내는 방법이 있나요?
- 가격으로 가치를 판단하는 것이 아니라 단순히 가격이 궁금할 수도 있지 않을까요?
- 신호등이 없는 도로에서의 교통 규칙에는 무엇이 있나요?
- 적당히 사용하여 접기 놀이하면서 기다리는 것은 안 될까요?
- 너무 솔직해서 생기는 문제는 어떤 것이 있을까요?
- 그 친구의 비밀이 선생님의 도움을 필요로 한다면 선생님께 알려야 하지 않을까요?

비경쟁 독서토론

사회자   약속을 어길 수도 있다고 생각하나요?

어길 수 있다고 응답하면

사회자   왜 그렇게 생각하는지 이유를 말해주세요.

찬 성   지킬 수 없는 상황이 생길 수도 있어요. 갑자기 배가 아플 수도 있고 엄마가 안 된다고 할 수도 있어요.

사회자   그럼 '약속은 이유 어길 수도 있다.'라고 써보세요. 그런데 매번 약속을 어기는 경우는 어떤가요? 약속한 상대 친구 입장에서 생각해 보세요.

찬 성   매번 그렇게 약속을 어기면 그 친구와 약속할 수 없을 것 같아요. 나만 지키게 되는 건 억울한 일이에요.

사회자   그렇다면 그 친구와 어떤 규칙을 정할 수 있을까요?

찬 성   (아이와 규칙을 만들어 보세요.)

사회자   좋아요. 그러면 서로의 관계가 더욱 좋아지는 방법이 될 수 있겠네요.

어길 수 없다고 응답하면

사회자   왜 그렇게 생각하는지 이유를 말해주세요.

반 대   약속을 안 지키면 너무 기분이 상해요. 약속을 계속 변경하면 다음부터는 그 친구를 믿지 않을 거예요.

사회자   그럼 '약속은 이유 어길 수 없습니다.'라는 문장으로 써보세요. 그런데 내가 어겨야 하는 상황이 생길 수도 있잖아

63

요. 예를 들어 엄마가 안 된다고 하거나 생각보다 돈이 많이 들 때에는 어길 수도 있을 것 같아요. 그럴 때는 어떻게 해야 할까요?

반 대 너무 미안할 것 같아요. 다음에는 꼭 지키려는 마음이 생길 것 같아요. 지킬 수 있는 약속인지 더 신중하게 정할 것 같아요.

사회자 맞아요. 그런 마음이 생길 수 있겠네요. 그럼 약속한 친구에게 편지를 쓴다면 어떤 내용으로 쓸까요? 어떤 내용으로 편지를 쓸지 생각해보고 이야기를 나누어 보세요.

반 대 (편지 내용을 이야기한다.)

《친구를 모두 잃어버리는 방법》, 낸시 칼슨 글·그림, 신형건 옮김, 보물
창고, 2007.

친구가 하나도 없기를 바란다면 이 책을 보세요. 이 책에 소개된 여
섯 가지 방법대로 행동한다면 그 누구도 친구가 되려고 하지 않을 거예
요. 그러니 이 방법을 배우면 안 되겠죠? 친구를 하나도 잃어버리지 않
는 방법은 무엇이 있을까요? 친구와 친하게 지낼 수 있는 방법 여섯 가
지를 만들어 봅시다.

《동의》, 레이첼 브라이언 글, 노지양 옮김, 아울북, 2020.

너와 나 사이에 무엇보다 중요한 것은 '동의'라고 소개하고 있습니다.
내 몸의 주인으로서 나를 지키는 경계선을 세우는 방법과 건강한 관계
를 만들 수 있는 방법을 소개하고 있습니다. 각자 몸의 주인들이 다양
한 공동체 속에서 어우러져 살아가는 방법. 동의! 우리 가정 내에서도
각자의 경계선을 만들어 볼까요? 서로의 경계선을 존중하면서 화목한
가정을 만들어 보아요.

달을 돌려주세요

《달샤베트》
백희나 글·그림, 책읽는곰, 2014.

"그렇다면 우리는 앞으로 지구를 위해 어떻게 해야 할까요?
여러분은 지구를 위해 내가 불편해도 괜찮나요?"

어느 무더운 여름날, 모두 창문을 꼭꼭 닫고, 에어컨을 쌩쌩, 선풍기를 씽씽 틀어 놓습니다. 바깥은 아지랑이가 피고 찜질방 같은 더위가 한창이지만, 실내에만 들어가면 살 것 같습니다. 에어컨이 빵빵해서 정말 시원하거든요. 에어컨과 선풍기를 틀어 놓는 동안 우리는 시원하지만 어디에 사는 누군가는 살 곳이 없어지고 있습니다. 무슨 일일까요?

북극곰이 쓰레기통을 뒤적거리고 있습니다. 바다사자가 목숨이 위태로운지도 모르고 높은 바위산을 기어 올라가고 있습니다. 왜 이런 일이 일어날까요? 그들 삶의 터전인 빙하가 녹고 있습니다. 여름에도 스위스 융프라요흐에서 절경을 자랑했던 만년설이 녹아내리고 있습니다.

지구가 아파요

달이 녹아내리고 있다는 것을 처음 알아차린 주인공은 아파트에 사는 반장 할머니예요. 반장 할머니는 에어컨과 선풍기를 틀지 않아도 시원해지는 법을 알고 있습니다. 그래서 할머니는 모든 문제를 해결하는 해결사가 됩니다.

하지만 대부분의 사람들은 무슨 일이 있는지 자세히 들여다보지 않습니다. 그저 자신이 시원하면 그만입니다. 우리 지구에서도 마찬가지 일이 일어나고 있습니다. 빙하가 녹아내리는지, 북극곰과 바다사자가 살아갈 터전이 없어지는지 관심이 없습니다.

이 책을 보면서 우리가 편리하게 사는 동안 누군가는 살아갈 곳이 없어지고 있다는 생각을 할 수 있다면 좋겠습니다. 자녀들과 아픈 지구를 위해 '에너지를 절약하는 방법'을 찾아보고 실천해 봅시다.

생각을 확장하는 핵심 질문

① 표지
- 앞표지와 뒤표지에서 어떤 그림들이 보이나요?
- 아파트 창문에 무엇이 보이나요?
- 아파트에서 어떤 일이 벌어지고 있나요?
- '달 샤베트'는 어떤 맛일까요?

② 이야기 속으로 들어가기
- 반장 할머니는 왜 아무것도 하지 못했나요?
- 아파트 안을 자세히 들여다봅시다. 무엇이 보이나요?
- 온 세상이 깜깜해졌네요. 비슷한 경험이 있나요?
- 아파트 장면을 보니 어떤 비슷한 경험이 떠오르나요?
- 달에게 무슨 일이 생긴 걸까요?
- 내가 가장 먼저 달을 발견했다면 반장 할머니처럼 행동했을까요?
- '달 샤베트'는 어떤 맛이었을까요?
- 우리는 토끼들이 슬프지 않게 위로의 말을 해봅시다.
- 지구에서 살 곳이 없어지고 있는 친구들이 있답니다. 가족과 함께 찾아봅시다.
- 지구를 아프게 하지 않으려면 무엇을 해야 할까요? 할 수 있는 일을 찾아봅시다.

비경쟁 독서토론

사회자 달토끼들이 달을 찾으러 왔습니다. 달토끼들은 왜 살 곳이 없어졌을까요?

자녀 1 늑대들이 에어컨도 빵빵, 선풍기도 씽씽 틀었기 때문이에요. 지구가 너무 더워져서 달도 더워졌나 봐요.

자녀 2 달이 녹아서 달토끼들이 살 곳이 없어졌어요.

사회자 이렇게 지구가 너무 더워져서 살 곳이 없어진 친구들을 알고 있나요?

자녀 1 유치원에서 지구가 더워서 북극곰이 살 수 없다고 배웠어요. 빙하가 녹아 사냥을 할 수 없대요.

자녀 2 너무 더워져서 바닷물이 자꾸 들어와서 살 수 없는 곳도 있대요.

사회자 맞아요. '투발루'라는 섬은 지구가 아파서 점점 사라지고 있어요. 거기에 살던 사람들도 더 이상 살 수 없어서 토끼들처럼 다른 곳으로 가야 했어요.

사회자 그렇다면 우리는 앞으로 지구를 위해 어떻게 해야 할까요? 여러분은 지구를 위해 내가 불편해도 괜찮나요?

1학년 아이들은 지구가 아프다고 하면 기꺼이 불편해도 괜찮다고 말해요. 학교에서 너무 더워서 에어컨을 틀겠다고 말하면 아이들은 안 된다고 한답니다. 집에서 에어컨을 몇 도에 맞출지 토의해보세요.

지구를 살리기 위해 더위를 조금 참을지, 지구가 아파도 더운 나를 위해 시원한 집으로 만들지 이야기를 나눠보세요. 생각보다 많은 아이들이 지구를 위해야 한다고 말할 거예요.

사회자	우리는 지구를 위해 어떤 일을 할 수 있을까요?
자녀 1	에어컨을 안 틀고 창문을 열고 자요.
자녀 2	에어컨을 틀면 꼭 선풍기를 틀어요. 그러면 더 빨리 시원해져서 에너지를 절약할 수 있대요.
사회자	또 무슨 일을 할 수 있을까요?
자녀 1	사람이 없을 때는 불을 잘 꺼요.
자녀 2	전기를 다 썼으면 콘센트에서 코드를 빼요.
사회자	지구를 위해서 작은 것부터 하나씩 실천해 볼까요?

아이와 이야기를 나누고 지구를 위한 한 걸음을 하나씩 실천해 보세요. 지구를 생각하는 마음 따뜻한 아이로 성장할 겁니다.

《지구를 위한 한 시간》, 박주연 글, 조미자 그림, 한솔수북, 2011.

　지구촌 불끄기 행사는 지구가 더워진 데에 따른 심각한 변화를 알리기 위해 일 년에 하루, 한 시간 동안 불을 끄는 행사랍니다. 2007년 호주 시드니에서 처음 시작되었어요. 이 그림책은 지구를 위한 한 시간을 함께하자고 이야기합니다. 책을 읽고 지구를 위해 힘을 모아 보세요! 가까운 친구, 이웃들과 함께하면 큰 힘이 됩니다.

《투발루에게 수영을 가르칠 걸 그랬어!》, 유다정 글, 박재현 그림, 미래아이, 2008.

　넓은 바다 한복판, 투발루에 로자와 고양이 투발루가 살고 있어요. 하지만 로자는 투발루를 떠나야만 합니다. 투발루는 계속 바닷물이 불어나 땅이 바다 속으로 가라앉고 있거든요. 기후 변화가 시작되면서 실제로 나라를 잃게 된 친구의 이야기를 그림책으로 그렸어요. 로자는 자신이 사랑하는 투발루와 고양이 투발루를 지킬 수 있을까요?

화를 낼까, 참을까?

《소피가 화나면, 정말 정말 화나면》
몰리 뱅 글·그림, 박수현 옮김, 책읽는곰, 2013.

"내 차례야!"

이런 소피가 진짜 화가 났어요! 소피가 쾅쾅 발을 굴러요.

악 소리를 질러요. 소피는 막 터져 오르는 화산이에요.

집에서 시작하는 초등독서토론

'화'는 쉽게 느낄 수 있는 감정입니다. 약속을 계속 어기는 친구 때문에 화가 나고, 계속 똑같은 잔소리를 하게 하는 아이 때문에 화가 나기도 합니다. 어떨 때는 초라해 보이는 자기 모습에 화가 나기도 하죠. 그리고 '화'는 꼭 필요한 감정이기도 합니다. 믿을 수 없는 아동 폭력 사건이나 나라를 잃은 역사적 사건에는 화가 나야 합니다. 그렇다면 화는 어떻게 표현해야 할까요? 괜히 화를 냈다가 오히려 불편한 상황이 생기면 어떻게 하죠? 그냥 참을까요?

감정으로 연결된 우리

그림책에 나오는 소피는 언니 때문에 화가 잔뜩 났습니다. 잘 놀고 있는데 언니 차례라면서 인형을 가져가 버렸거든요. 발을 쾅쾅 구르고 소리를 질러도 화가 풀리지 않아요. 감정이 화산처럼 폭발할 것 같은 상황. 소피는 문을 쾅! 닫고 밖으로 나와 달려요.

소피는 화를 내야 할까요? 참아야 할까요? 아이들이 스스로의 경험을 바탕으로 생각의 근거를 찾게 해보세요. 평소 우리 아이가 화를 표현하는 방법을 객관적인 시각에서 판단할 수 있을 겁니다. 나의 감정은 다른 사람의 감정과 연결되어 영향을 주고받습니다. 가정에서 화를 느끼는 순간들을 자연스럽게 꺼내어 놓고 서로의 마음을 이해하며 공감해 보세요. 우리는 감정으로 연결되어 있으니까요.

생각을 확장하는 핵심 질문

① 표지

- 앞표지와 뒤표지에서 어떤 그림들이 보이나요?
- 소피는 왜 화가 났을까요?
- 그림을 보고 소피가 어떻게 했을지 상상해 볼까요?

② 이야기 속으로 들어가기

- 소피가 진짜 화가 난 이유는 무엇일까요?
- 언니도 엄마도 언니 차례라고 하는데 소피가 규칙을 어기는 건 아닐까요?
- 고릴라 인형을 사이좋게 가지고 노는 방법은 무엇일까요?
- 소피와 언니가 만들 수 있는 규칙은 무엇일까요?
- 화가 난다고 뭐든지 닥치는 대로 부숴 버리면 어떻게 될까요?
- 숲속에서 소피는 어떤 생각이 들었을까요?
- 언니는 소피에게 어떻게 행동해야 할까요?
- 소피가 화가 사라지고 진정이 되면 문제가 해결된 건가요?
- 또다시 이런 일이 생기지 않으려면 어떻게 해야 할까요?
- 화를 냈다가 혼이 나거나 불편한 상황을 경험한 적이 있나요?
- 화를 참은 적이 있나요?

비경쟁 독서토론

사회자 소피는 화를 내야 한다고 생각하나요?

화를 내야 한다고 응답하면

사회자 왜 그렇게 생각하는지 이유를 말해주세요.

찬 성 화를 내야 언니가 알게 되니까요. 소피가 화를 내지 않으면 또 인형을 **뺏어갈** 거예요.

사회자 그럼 '소피는 ███ 이유 ███ 화를 내야 합니다.'라는 문장으로 써보세요.

사회자 이번에는 언니 입장에서 생각해 보세요. 소피가 화를 내면 언니는 어떻게 해야 할까요?

찬 성 잘못을 인정하면 서로 화해할 수도 있고, 기분이 나빠서 서로 싸울 수도 있겠죠.

사회자 언니의 기분이 나쁘지 않게 하려면 소피는 어떻게 화를 내야 할까요?

찬 성 (아이와 방법을 찾아보세요.)

사회자 그래요. 상대가 인정하고 사과할 수 있도록 화를 잘 표현해야 해요.

＊ 사과를 요구할 때 팁 : (행동 말하기) 언니가 인형을 갑자기 **뺏어가서** (감정 말하기) 내가 화가 났어. (바람 말하기) 언니가 사과했으면 좋겠어.

화를 내지 않고 참아야 한다고 응답하면

사회자 왜 그렇게 생각하는지 이유를 말해주세요.

반 대 소피가 화를 내면 언니가 속상해할 것 같아요. 다음부터 언니가 나랑 안 놀아 줄 것 같아요. 화나도 참으면 시간이 흐르면서 감정이 가라앉고 화가 사라져요.

사회자 그럼 '소피는 ⬛ 이유 ⬛ 화를 내면 안 된다.'라고 써보세요.

사회자 그런데 언니는 소피가 화가 난 줄 모를 수도 있잖아요. 언니가 다음에 또 인형을 뺏어갈 수도 있어요. 상황이 나아지지 않을 수 있지 않나요?

반 대 규칙을 만들어요.

사회자 좋아요. 어떤 규칙을 만들 수 있을까요?

반 대 (아이와 규칙을 만들어 보세요.)

사회자 규칙은 반드시 함께 협동해서 만들어야 해요. 서로 지킬 수 있는 것으로 약속하는 것이 좋아요.

《곰씨의 의자》, 노인경 글·그림, 문학 동네, 2016.

친절한 곰씨는 몹시 지쳐 보이는 토끼에게 의자를 내어 준 후 점점 자신의 공간과 시간을 방해받습니다. 곰씨처럼 자신의 감정을 말하는 것이 어려운 아이들이 있습니다. 곰씨에게 용기를 주는 편지를 써보세요. 어쩌면 자신이 듣고 싶은 이야기를 쓸지도 모릅니다.

《기분을 말해 봐》, 앤서니 브라운 글·그림, 웅진 주니어, 2011.

아이들이 자신의 다양한 감정을 이해하고 건강하게 표현할 수 있게 도와주는 그림책입니다. 텍스트 부분을 가리고 주인공의 감정 알아맞히기 놀이를 해보세요. 감정을 표현하는 말이 다양하다는 것을 알게 될 겁니다.

명절에는 무엇을 할까?

《솔이의 추석 이야기》
이억배 글·그림, 길벗어린이, 1995.

엄마, 아빠 건강하게 해달라고 빌래요.
공부를 더 잘하게 해달라고 빌래요.

고향 가는 버스표와 기차표를 사기 위해 새벽부터 버스 터미널과 기차역에서 기다리는 사람들이 있었습니다. 추석이 되기 전 미리 시간을 내어 조상님 무덤의 풀을 깎고 깨끗이 다듬습니다. 새 옷을 사 입고 이발을 하며 고향에 내려갈 준비를 합니다. 음력 8월 15일 추석을 맞이하기 위해 사람들이 하는 일들입니다.

지금은 추석을 보내는 모습이 많이 달라졌습니다. 자가용을 가진 사람이 늘어났고 고속도로가 많아졌으며 KTX로 먼 거리도 이동 시간이 짧아졌습니다. 할아버지, 할머니께서 자식과 손주들을 찾아 도시로 나오기도 하고 해외여행을 가거나, 가족여행을 가는 경우도 많이 늘고 있습니다.

전통이라는 가치

명절은 전통이라는 가치를 지키는 동시에 흩어진 가족들과 친척들이 한데 모여 '가족'의 의미를 되새기는 날입니다. 또한 한 해를 잘 보내고 있음을 조상님들에게 감사하며 일상의 소중함도 떠올립니다.

이 책은 추석을 보내는 사람들이 전통이라는 가치를 어떻게 지켜나가고 있는지 보여줍니다. 동네 사람들의 풍물 소리, 할머니의 인심, 당산나무의 든든함, 조상님들을 향한 감사의 마음까지 여러 모습이 담겨있습니다. 지금과는 많이 다른 솔이의 추석 이야기를 아이와 함께 들여다보며 우리는 추석 명절에 무엇을 하는지 과거와 오늘날을 비교해보세요. 아이들에게 추석은 그저 용돈 받는 날이 아니길 바랍니다.

생각을 확장하는 핵심 질문

① 표지

- 앞표지와 뒤표지에서 어떤 그림들이 보이나요?
- 표지에 있는 가족들은 왜 한복을 입고 있을까요?
- 표지에 있는 가족들은 어디에 온 걸까요?
- 뒤표지에 어떤 먹을 거리들이 있는지 알아볼까요?

② 이야기 속으로 들어가기

- 우리 가족은 추석에 무엇을 준비하나요?
- 그림을 보면서 동네 사람들이 무엇을 하고 있는지 찾아봅시다.
- 우리 가족은 추석에 어디로 가나요?
- 그림을 보며 차가 막힐 때 사람들이 무엇을 하는지 알아볼까요?
- 우리 가족은 추석에 차가 막히면 무엇을 하나요?
- 당산나무는 어떤 나무일까요?
- 솔이네 집에는 어떤 가족들이 있나요?(예: 작은 아빠, 큰 엄마 등)
- 우리 가족은 추석에 누구를 만나나요?
- 달님에게 소원을 빌어본 적이 있나요?
- 솔이는 추석 때 무엇을 했나요?
- 우리 가족은 추석 때 무엇을 할까요?
- 그림책을 보면서 추석에 하고 싶은 일을 말해봅시다.

비경쟁 독서토론

사회자   추석에 우리 가족은 무엇을 하나요?

자녀 1   할머니, 할아버지 집에 가요.

사회자   거기서 무엇을 하나요?

자녀 2   텔레비전을 봐요. 사촌들이랑 놀아요.

사회자   《솔이의 추석 이야기》에 나온 그림에서 우리집도 똑같이 하는 일을 찾아보세요.

자녀 1   추석 날 아침에 음식을 차려놓고 절을 해요.

자녀 2   보름달을 보고 소원을 빌어본 적이 있어요.

자녀 1   학교에서 강강술래를 해본 적이 있어요.

자녀 2   우리도 차를 타고 할머니, 할아버지 집에 가요.

사회자   추석에 특별히 먹는 떡이 나왔는데 찾아보세요.

자녀 1   '송편'이요.

자녀 2   저도 송편을 만들어 보고 싶어요.

사회자   이번 추석에 꼭 하고 싶은 것이 있다면 말해봅시다.

자녀 1   달님에게 소원을 빌 거예요.

사회자   어떤 소원을 빌고 싶어요?

자녀 1   엄마, 아빠 건강하게 해달라고 빌래요.

자녀 2   공부를 더 잘하게 해달라고 빌래요.

사회자   《솔이의 추석 이야기》를 읽고, 해보고 싶은 일이 있나요?

자녀 1   '강강술래'를 해보고 싶어요.

자녀 2   '당산나무'라는 큰 나무를 한번 보고 싶어요.

이렇듯 책을 보며 과거와 현재를 비교합니다. 우리나라 큰 명절인 설날과 추석은 우리 생활과 밀접한 관련을 맺고 있습니다. 명절에 관심을 가지고 이야기 나누다 보면 우리나라 세시 풍속까지 관심이 확장될 수도 있습니다. 또한 과거와 현재를 비교하다 보면 역사에 대해 흥미가 생길 수도 있습니다. 우리 주변에는 있지만, 인식하지 못한 일에 관심과 흥미를 가져봅시다. 아이가 세상에 대해 호기심을 가지기 시작합니다.

《사시사철 우리 놀이 우리 문화》, 백희나 저, 이선영 글, 최지경 그림, 한울림어린이, 2006.

닥종이 인형들이 우리 놀이와 우리 문화에 대해 알려줍니다. 설날에는 윷놀이를, 단오에는 그네타기를, 한가위에는 강강술래를 해요. 옛날 우리 조상님들이 어떤 놀이를 했고, 어떻게 살았는지 알 수 있는 그림책입니다. 오늘날까지 전해져 내려오는 놀이와 문화도 많이 있어요. 책을 펼치고 오랜만에 가족들과 우리 놀이를 해 볼까요?

《손 큰 할머니의 만두 만들기》, 채인선 글, 이억배 그림, 재미마주, 2001.

손이 아주아주 큰 할머니는 설날을 맞이해 만두를 만들려고 합니다. 아들딸은 물론 손주들까지 모두 배가 터져 나갈 정도로 먹이시던 정겨운 우리 할머니가 생각납니다. 설날 우리 문화도 알아보고 옛날 시골에 있던 부뚜막이며 가마솥까지 책을 보며 두런두런 이야기를 나눠 보세요.

천천히 배우는 아이와
애타는 부모님을 위한 이야기

《읽는 사람 김득신》
전자윤 글, 박슬기 그림, 우주나무, 2022.

"괜찮아요. 근데, 저는 배워도 자꾸 잊어버려요."
"노력하는 모습이 얼마나 기특한지 모릅니다."

백곡 김득신은 1604년(선조 37년)에 태어났습니다. 어려서 천연두를 앓은 탓인지 기억력이 나쁘고 늦게까지 글을 읽지 못했지요. 본인도 답답했을 테고 주위 사람들도 답답했을 거예요. 하지만 아버지는 아들을 믿고 격려해 주었습니다. 김득신은 마음을 다잡고 글공부를 하면서 《사기》라는 역사책 안에 있는 〈백이전〉을 십일만 삼천 번이나 읽을 정도로 노력했다고 합니다.

기다려주는 아버지

초등학교 1학년 2학기 수학책을 보면 6개 단원 중에 3개 단원이 덧셈과 뺄셈입니다. 계산 원리를 빠르게 이해하고 수학 문제를 척척 풀어내는 아이도 있지만, 공부가 너무 어려워서 뇌가 없어지는 기분이 든다는 아이도 있습니다.

김득신은 아주 천천히 배우는 학생이었습니다. 〈백이전〉을 십일만 삼천 번이나 읽고 다른 책도 만 번 이상 읽었다고 하네요. 《공부에 미친 16인의 조선 선비들》(이수광 글, 해냄출판사, 2012.)에 뽑힐 만하지요.

우직한 김득신 못지않게 우리의 눈길을 끄는 이가 김득신의 아버지입니다. 그는 배워도 그때뿐이고 돌아서면 잊어버리는 아들을 다독이고 따뜻하게 안아 줍니다. 자식을 키우는 부모라면 이게 쉽지 않은 일이라는 걸 알 거예요. 남의 자식이 더디 배운다는 소리를 들으면 조금 안타까울 뿐이지만, 내 자식이 더디 배우면 마음이 초조해져서 아이를 다그치기도 하니까요.

이야기 속에서 김득신과 아버지가 대화하는 장면을 찾아보세요. 김득신이 평생 글을 읽은 힘이 어디에서 나왔는지 찾을 수 있답니다.

생각을 확장하는 핵심 질문

① 표지
- 앞표지에서 김득신은 무슨 책을 읽고 있나요?
- 앞표지에서 김득신은 어떤 기분으로 보이나요?
- (책을 읽은 후에) 뒤표지는 김득신이 몇 살 쯤에 한 말일까요?

② 이야기 속으로 들어가기
- 아이들이 짓궂게 놀렸을 때 김득신은 뭐라고 대답했나요?
- 김득신의 부모님은 김득신이 또래보다 늦된 이유가 무엇이라고 생각했나요?
- 김득신이 배워도 자꾸 잊어버린다고 말하니까 아버지는 뭐라고 다독였나요?
- 친척 어른들이 똑똑한 아이를 데려와 양자를 삼자고 했을 때 아버지는 뭐라고 했나요?
- 김득신이 노력해도 글공부가 늘지 않는다고 하니까 아버지는 뭐라고 했나요?
- 김득신이 책 한 권을 술술 읽게 되자 주변 사람들은 어떻게 반응했나요?
- 김득신은 아버지와 무슨 약속을 했나요?
- 김득신은 몇 살에 과거 시험에 급제했나요?
- 김득신이 배운 걸 자꾸 잊어버려서 힘들어하는 어린이를 만난다면 무슨 말을 해줄까요?

집에서 시작하는 초등독서토론

비경쟁 독서토론

사회자 아이들이 머리가 나쁘다고 김득신을 짓궂게 놀리잖아요. 누가 나를 이렇게 놀리면 어떻게 할 건가요?

김득신처럼 한다고 대답하는 경우

사회자 왜 그렇게 생각하는지 이유를 말해주세요.

자녀 1 대들어서 싸워 봤자 머리가 나쁜 건 변하지 않아요. 또 놀릴 거예요.

사회자 놀림을 받으면 기분이 나쁠 텐데 참을 수 있나요?

자녀 2 김득신처럼 재미나게 대답하면 그만 둘 것 같아요.

자녀 1 맞아요. 화 내라고 놀리는 건데 화를 안 내니까 놀리는 재미가 없어요.

사회자 학교에서 받아쓰기나 덧셈 뺄셈을 못한다고 놀리면요?

자녀 1 덧셈 뺄셈은 못하지만 종이접기를 잘한다고 할 거예요.

자녀 2 집에서 미리 공부를 해서 받아쓰기를 100점 맞고 덧셈 뺄셈도 열심히 하면 돼요.

부모님이나 선생님께 말씀드린다고 대답하는 경우

사회자 왜 그렇게 생각하는지 이유를 말해주세요.

자녀 1 친구를 놀리는 건 나쁜 짓이니까 혼내줘야 해요. 혼이 나야 그게 나쁜 건 줄 알아요.

자녀 2 같이 싸우면 나도 혼나니까요.

사회자 부모님이나 선생님께 혼나면 겉으로는 놀리지 않아도 속으로는 '쟤는 공부 못하는 아이'라고 생각할 수도 있어요. 그럼 어떻게 하나요?

자녀 1 속으로만 생각하는 건 그냥 돼요.

자녀 2 공부를 해서 나도 잘한다는 걸 보여줄 거예요. 받아쓰기를 미리 집에서 연습하니까 100점 받았어요. 놀리던 아이 중에는 100점 못 받은 아이도 있어요.

사회자 100점 못 받은 친구에게 어떻게 했나요?

자녀 2 아무 말 안 했어요. 그 친구도 100점 못 받아서 속상하니까요.

아이들은 공부를 잘해서 부모님을 기쁘게 해드리고 싶어합니다. 내 아이가 천천히 배운다면 김득신의 아버지처럼 기다려주세요. 다른 아이들이 놀리면 어떻게 할지 이야기도 나눠 보고요. 우직하지만 멈추지 않고 성장하는 아이로 자랄 수 있게 응원해 주세요.

《마리아 메리안》, 한해숙 글, 이현정 그림, 두레아이들, 2022.

곤충학자라면 으레 파브르를 떠올리지만 그보다 170여 년이나 앞서 곤충과 식물을 연구하고 세밀화를 그려서 책을 펴낸 '마리아 메리안'이 있었습니다. 마리아가 살던 시대에는 여자는 얌전하게 살림만 해야 한다고 생각했기 때문에 여성 곤충학자는 마녀로 몰려 화형을 당할 수도 있었대요. 하지만 마리안은 굽히지 않고 연구를 했답니다.

《큰 힘에는 큰 책임이 따른다》, 애니 헌터 에릭슨 글, 리 개틀린 그림, 문주선 옮김, 바둑이하우스, 2022.

엄청난 슈퍼히어로들을 만든 사람, 마블 코믹스의 '스탠 리'를 통해 진짜 히어로가 되는 방법을 알게 해주는 책입니다. 뉴욕의 가난한 집에서 태어난 스탠 리는 늘 이야기를 읽고 깊게 생각하며 생각을 보는 눈을 키워나갔습니다. 멋진 표지를 열고 안을 들여다보면 부정적인 시선에도 굴하지 않고 도전정신을 펼쳐나가는 모습을 찾을 수 있어요.

3부

토론의
기본을 다지는
초등 중학년

1.
중학년 시기의
발달 특성

타인과 활발하게 의사소통하는 시기

　초등학교 3~4학년 시기 학생들은 자기중심적인 사고에서 벗어나 타인을 의식하고, 교실이라는 작은 사회적 공간에서 타인에게 피해가지 않는 사람이 되도록 노력합니다. 이 시기에 의사소통을 제대로 연습한 학생은 실제 상황에서도 타인과 의사소통을 원활하게 하고 사회성이 높습니다.

　타인과의 의사소통 능력은 독서 후 토론 과정에서 잘 기를 수 있습니다. 학생들은 토론 과정에서 자신의 의견을 조리 있게 표현하고, 반대편의 의견을 수용하는 등 민주적인 의사소통 과정을 경험하게 됩니다. 긍정적인 의사소통 경험이 많을수록 실제 문제 상황에 부딪혔을 때, 대화로 해결하는 능력을 기를 수 있습니다. 가령, 친구와 의견이 맞지 않는 상황에서 힘으로 문제를 해결하기보다 조리 있고 설득력 있는 언어로 자신의 마음을 표현할 수 있습니다. 따라서 가정에서 쉽게 접근할 수 있는 주제로 토론을 시작하여 민주적인 의사소통 방법을 뿌리내린다면 자신의 의견을 조리 있게 표현할 수 있으며, 곧 다가올 사춘기도 두렵지 않을 것입니다.

어휘력 확장의 시기

저학년 학생들이 생활 속에 자주 등장하는 어휘를 위주로 공부했다면, 중학년 학생들은 많은 과목의 다양한 어휘를 습득하고 독해능력을 키워나가야 합니다. 이런 발달 과정에 적절한 교육을 하기 위해서는 어휘력을 확장할 수 있는 독서 교육과 독후 활동이 필요합니다. 다양한 분야의 책을 접하고 깊게 읽으면서 앞뒤 문맥 속 어휘를 파악합니다. 또한 3~4학년에서 배우는 사전 찾기 활동 등을 통해 자녀가 다양한 어휘를 익힐 수 있도록 합니다. 독서 중 만난 핵심 어휘들은 글쓰기 과정을 통해 자신의 것으로 내재화합니다.

자기 주도 학습이 시작되는 시기

이제는 중학년, 스스로 학습할 내용을 찾아서 공부할 수 있는 시기입니다. 자신이 좋아하고 관심을 가지는 분야가 생기고, 학습 편식이 시작됩니다. 개인 차이가 존재하지만 초등학교 3학년 때는 비교적 부모님의 학습 습관 길들이기에 잘 순응하고, 4학년 때부터는 자신의 의견이 강해지며 학습에 대한 고집이 생겨납니다. 따라서 부모님께서는 중학년 자녀의 학습 정서가 손상되지 않도록 서로 의견을 잘 주고받을 필요가 있습니다. 이에 토론의 역할은 더욱 중요하게 됩니다. 첫 토론은 자녀가 관심 있는 책이나 주제를 스스로 선택할 수 있도록 하여 학생들의 자기 주도적 학습을 응원해 주세요. 나아가 자녀가 토론에 흥미를 느끼게 되면 다양한 책을 접할 수 있도록 이끌어 주시기 바랍니다.

독서의 폭이 넓어지는 시기

저학년에서는 놀이와 체험 위주의 학습이 주로 이루어졌다면, 중학년은 과목 수가 많아짐에 따라 학습해야 하는 분량이 많아집니다. 따라서 독서의 편식 없이 다양한 분야의 책을 만나 봐야 합니다. 초등학교 3학년 교실을 보면 학생들의 개별 학습 능력 및 독서습관의 수준 차이가 매우 큽니다. 아직 줄글로 된 책을 접하지 않은 학생이 있는가 하면, 고학년 수준의 책을 거뜬히 읽는 학생들이 있습니다. 다양한 교과를 만나는 만큼 독서의 폭을 넓히기 위해서는 앞서 말씀드린 '오진 분류법'을 통한 올바른 독서습관이 정착될 수 있도록 해야 합니다.

2.
중학년
토론 방법

토론 전 책과 충분히 대화하기

　본격적인 토론에 들어가기에 앞서, 토론 전에는 책과 깊은 대화를 나눌 수 있는 과정이 중요합니다. 책을 선정할 때는 아이들의 관심과 흥미를 고려하여 해당 주제의 책을 선정하는 것이 좋습니다. 이제는 그림책에서 제법 글밥이 있는 줄글 책으로 넘어가는 중학년 단계이기 때문에 아이들이 책 읽기에 흥미를 잃지 않도록 평소에 관심 있어 하는 분야 또는 주제의 책을 선정합니다. 처음에는 아이의 눈높이에 맞춘 책을 함께 읽어보고 토론해봄으로써, 토론의 맛을 느끼고 다양한 영역, 주제를 다룬 책으로도 확장해 봅니다.

　책을 조금 더 깊이 있게 읽을 수 있는 방법 중 하나는 읽으면서 신기한 점이나 궁금한 점 등 질문할 거리를 찾아보고 바로 기록하는 것입니다. 쉽게 활용할 수 있는 방법으로 포스트잇을 활용한 책 읽기를 소개하겠습니다. 책을 읽으면서 모르는 낱말이나 함께 이야기 나누고 싶은 부분이 있으면 포스트잇에 써서 해당 페이지에 붙여 봅니다. 책을 다 읽고 난 후에는 함께 읽은 사람들과 바꾸어 서로의 포스트잇에 쓴 질문에 답을 해줍니다. 이를 통해 더 깊이 있게 책과 대화하고 서로의 다양한 생각을 나누면 토론에 대한 준비를 하게 됩니다.

토론 중 부모님의 역할

토론 전, 책 선정과 내용 파악이 잘 이루어졌다면 책에서 토론할 만한 논제를 찾아봅니다. 논제를 부모님이 제시해주는 저학년 시기와는 달리, 중학년은 부모님과 함께 논제를 정해봅니다. 이때 부모님의 적절한 질문, 즉 핵심질문이 중요합니다. 핵심질문은 아이들이 스스로 논제를 찾을 수 있도록 도움을 줍니다. 질문은 단순히 책의 내용을 확인하는 닫힌 질문에서 그치지 말고 책에 담겨있는 의미(주제)와 관련된 "왜 그럴까?" "이유는 무엇일까?" 등의 열린 질문을 해야 합니다. 자녀에게 책의 핵심 주제를 꿰뚫는 열린 질문을 하면서 토론할 수 있는 논제를 함께 의논해서 정해봅니다. 처음에는 어떤 질문을 하지? 이 논제가 맞나? 반신반의하며 논제 찾기가 어려울 수도 있지만, 부모님, 자녀 모두 꾸준히 하다 보면 대충 책만 훑어보더라도 금방 논제를 찾을 수 있는 경지에도 이른답니다. 이 책에서는 내용에 대한 핵심질문을 제시하여 자녀들의 논제 찾기에 많은 도움이 될 것입니다. 부모님은 자녀에게 길의 방향을 알려주는 네비게이션처럼 안내자 역할을 해 주세요.

토론 시 개인차가 존재하지만 3~4학년 학생들은 사회자 역할을 할 수 있습니다. 다양한 역할을 통해 학생들이 토론에 더 자발적으로 참여할 수 있도록 이끌어 주세요.

찬반 토론 논쟁에서 아이들의 입장이 한쪽으로 기울게 되면 부모님이 사회자 역할과 다른 한쪽의 입장을 동시에 하면서 토론을 진행해도 좋습니다. 또한 토론 중 자녀들의 언어를 한두 단어로 정리해줌으로써 논리적 사고력과 어휘력이 향상될 수 있도록 도움을 주시기 바랍니다.

토론 후 자신의 생각을 글로 표현하기

3~4학년군 국어과 성취기준에 따르면 ('[4국03-03] 관심 있는 주제에 대해 자신의 의견이 드러나게 글을 쓴다.')라고 명시되어 있습니다. 토론이 끝난 후에는 반드시 자신의 생각이 드러나도록 글을 써봅니다. 토론 중에 나눈 의견을 수용하고 자신의 의견을 정리함으로써 논리적인 사고가 한층 더 길러집니다. 또한 다양한 표현을 사용하며 자연스럽게 어휘력도 확장됩니다. 예를 들면, 《푸른 사자 와니니》 책을 읽고 토론을 한 뒤에는 개인의 존엄성과 공동체의 이익에 관한 글쓰기를 하여 자신의 입장을 정리합니다. 글쓰기 분량은 국어 교과서 기준으로 3학년은 8~11줄, 4학년은 13~18줄이 적당합니다.

다른 성취기준으로 ('[4국03-01] 중심 문장과 뒷받침 문장을 갖추어 문단을 쓴다.')가 있습니다. 3~4학년 수준에서는 토론 논제에 대해 '저는 ~라고 생각합니다.'의 중심 문장으로 시작하여 '왜냐하면 첫째, ~ 둘째, ~ '와 같이 두세 가지의 타당한 근거를 들며 글쓰기를 하면 좋습니다.

모두를 위해 희생해야 할까?

《쿵푸 아니고 똥푸》中 라면 한 줄
차영아 글, 한지선 그림, 문학동네, 2017.

"그런데 누가 고양이 목에 방울을 달죠? 시장이 직접 달 건가요?"
누군가 외치자 사방이 쥐 죽은 듯 조용해졌어.
"고양이 목에 방울 달러 갈 용감한 젊은이는 나서십시오."

집에서 시작하는 초등독서토론

살다 보면 한 번쯤 위기에 빠지게 되는 '우리'. 어쩌면 지금도 곳곳에서 위기가 일어나고 있을 것입니다. 그런 '우리'에게 필요한 것은 무엇일까요? 누군가는 어디선가 아이언맨 같은 히어로가 나타나기를 바랄지도 모르지요. 하지만 아무리 대단한 히어로라도 사랑하는 가족과 운명을 두고 '우리'의 행복을 위해 나서는 게 쉽지는 않을 겁니다. 지금도 누군가는 우리의 행복을 지키기 위해 희생하고 있지 않을까요? 〈라면 한 줄〉 속 시장 쥐와 시궁쥐들의 행동을 살펴보며 내가 중요하게 생각하는 가치에 대해 생각해 봅시다.

개인의 희생과 공동체의 행복 사이

하수구 시의 시궁쥐들은 외눈박이 고양이 목에 방울을 달고 삼겹살을 구해 와야 하는 중대한 과제에 직면합니다. 시장 쥐와 다른 시궁쥐들은 서로 핑계를 대며 결국 '라면 한 줄'을 세상 밖으로 내보게 되죠. '라면 한 줄'을 보낸 시장 쥐의 행동은 옳은 것이었는지, 내가 시장 쥐라면 어떤 결정을 내렸을지 평소 내가 중요하게 여기는 가치들과 연결지어 판단해봅시다.

공동체의 행복과 개인의 희생이 충돌하는 책 속 장면들을 함께 찾아보면 생각이 더욱 명확해질 수 있습니다. 예를 들면 함께 모여 회의하는 장면에서 어떤 시궁쥐의 말이 일리가 있는지 따져보면서 말이죠. 어떤 시궁쥐가 가게 되느냐에 따라 달라질 수 있는 결과를 상상해 보는 것도 흥미롭습니다. 3~4학년 수준에서는 '제가 시장 쥐라면 ~할 것입니다.'를 주제로 두세 가지의 타당한 근거를 들며 글쓰기를 해보는 것도 좋습니다.

생각을 확장하는 핵심 질문

① 표지

- 앞표지에 뭐가 보이나요?
- 앞표지의 배경은 무엇일까요?
- 쥐와 '라면 한 줄'은 무슨 의미일까요?
- 뒤표지에 나오는 생쥐의 기분은 어때 보이나요?
- 왜 그런 말을 했을까요?
- 과연 무시무시한 임무는 무엇일까요?

② 이야기 속으로 들어가기

- '라면 한 줄'의 엄마는 어떤 성격인 것 같나요? 누군가에게 이와 비슷한 말을 들어본 적이 있나요? 어떤 마음으로 그렇게 말했을까요?
- 시장 쥐는 어떤 성격인 것 같나요? 왜 그렇게 생각했나요?
- 어떤 시궁쥐의 입장이 가장 일리가 있다고 생각하나요? 각각의 시궁쥐들이 갔을 때 어떤 일이 벌어질 것 같나요?
- 시장과 다른 시궁쥐들은 왜 '라면 한 줄'이 가는 것이 좋다고 생각했을까요? 다른 시궁쥐들의 생각을 세 가지쯤 이야기해보세요.
- '라면 한 줄'이 하수구 입구에서 떠나는 그 순간 엄마와 라면 한 줄, 커다란 덩치의 시궁쥐 두 마리는 어떤 생각을 했을까요?
- '라면 한 줄'이 임무를 성공하게 된 이유는 무엇일까요?

비경쟁 독서토론

사회자 '라면 한 줄'을 보낸 시장 쥐의 선택은 잘한 것일까요? 잘못한 것일까요?

잘한 것이라고 응답하면

사회자 왜 그렇게 생각하는지 이유를 말해주세요.

찬 성 결국 '라면 한 줄'은 해냈잖아요. 라면 한 줄 덕분에 하수구 시의 시궁쥐들이 모두 삼겹살을 먹을 수 있게 되었어요.

사회자 그럼 '시장 쥐의 결정은 잘한 것이다.' '왜냐하면 ~ 때문이다.' 라는 문장으로 표현해 보세요.

찬 성 왜냐하면 모든 시궁쥐가 행복해졌기 때문이다.

사회자 이번에는 '라면 한 줄'이 끌려가던 상황을 생각해보고 엄마와 라면 한 줄의 속마음을 직접 말해 보세요.

찬 성 '부디 살아서만 돌아와 다오.' '이대로 죽을 수도 있겠구나.'

사회자 억지로 끌려가는 대신 엄마와 라면 한 줄이 긍정적인 마음과 희망을 가질 수 있도록 하는 다른 방법은 없었을까요?

찬 성 마음의 준비를 할 수 있는 시간을 줘요. 삼겹살 이외의 보상도 줘요.

사회자 시장 쥐의 입장에서 '라면 한 줄'과 엄마를 설득할 수 있는 글을 써봅시다.

잘못된 것이라고 응답하면

사회자 왜 그렇게 생각하는지 이유를 말해주세요.

반 대 '라면 한 줄'은 벼룩 때문에 손을 든 것이지, 스스로 한 선택은 아니었어요. 이런 문제는 개개인의 의사가 중요해요.

사회자 그럼 '시장 쥐의 결정은 잘못된 것이다.' '왜냐하면 ～ 때문이다.' 라는 문장으로 표현해보세요.

반 대 왜냐하면 라면 한 줄이 스스로 가길 원치 않았기 때문이다.

사회자 그런데 '라면 한 줄'이 고양이 목에 방울을 달러 가지 않았다면 어떻게 되었을까요?

반 대 자신의 능력을 모른 채, 평생 라면 한 줄만 먹었을 거예요.

사회자 내가 시장 쥐라면 어떻게 했을까요? 그 이유는요?

반 대 '라면 한 줄'만 혼자 보내지 않고, 그 덩치 큰 쥐들도 같이 보냈을 것 같아요. 왜냐하면 서로 도울 수 있으니까요.

사회자 그 방법도 좋네요. 여러분이 시장 쥐라면 어떤 선택을 했을지 생각해보고 두세 가지 근거와 함께 글로 써보세요.

집에서 시작하는 초등독서토론

《얘야, 아무개야, 거시기야!》, 천효정 글, 최미란 그림, 문학동네, 2014.

저승사자를 세 번 피하면 오래 살 수 있다는 말을 들은 아이는 평생 저승사자를 피하려 안간힘을 씁니다. 그렇게 평생을 도망다니며 300년을 산 아이는 과연 행복했을까요? '맘 편히 100세 살기 VS 맘 졸이며 300년 살기' 밸런스 게임을 하며 자녀의 생각과 속마음에 귀 기울여 보세요.

《개답게 살 테야!》, 강무홍 글, 한병호 그림, 논장, 2014.

1가구 1애완동물 시대, 이 책은 애완동물은 이젠 더이상 인간이 소유하는 물건이 아닌 하나의 더불어 사는 친구로 대해야 함을 일깨워 줍니다. 진짜 개답게 성장하는 모습을 통해 우리가 키우는 애완동물 또한 '답게' 자랄 수 있게 하려면 어떻게 하면 좋을지 이야기해 보세요. 최근 애완동물과 관련하여 대두된 가치판단의 논제들로 토론을 해 보는 것도 좋습니다.

친구 따라 강남 간다?

《프린들 주세요》
앤드루 클레멘츠 글, 양혜원 그림, 햇살과 나무꾼 옮김, 사계절, 2001.

"나는 오늘부터 영원히 펜이라는 말을 쓰지 않겠다.
그 대신 프린들이라는 말을 쓸 것이며,
다른 사람들도 그렇게 하도록 최선을 다할 것을 맹세한다."

집에서 시작하는 초등독서토론

어느 날 내 친구가 앞으로 '펜'이라는 말 대신 '프린들'이라는 말을 사용하자고 한다면 어떨까요? 새로운 단어를 만든다니! 재밌을 것 같기도 하지만 한편으로는 다른 사람들이 새로운 단어를 못 알아들으면 불편할 것 같기도 해요. 이처럼 살다가 보면 아이들은 친구의 제안을 따를지 말지 고민해야 하는 순간들이 옵니다. 그 순간에 어떻게 판단해야 할지 이 책을 읽으며 함께 이야기해 봅시다.

친구의 제안에 따를까, 말까?

우리는 살아가며 다양한 사람을 만납니다. 그 속에서 제안을 하기도 제안을 받기도 하죠. 때로는 내 아이가 친구를 잘못 만나거나 친구의 꾐에 넘어가 나쁜 행동을 하지 않을까 걱정을 합니다. 책에서 주어진 세 가지 상황 속에서 아이들이 대답해보며 올바른 선택 기준이 무엇인지 고민해볼 수 있습니다. 다음 쪽에 있는 핵심 질문 중 세 번째, 네 번째, 다섯 번째 질문이 세 가지 상황을 가정한 질문입니다 이를 활용해 아이들과 이야기해보세요.

이 책에는 모두가 놀랄 만한 반전이 숨어있습니다. 책에 대해서 이야기하기 전에 책의 결말을 꼭 확인하시길 바랍니다. 모른 채로 책을 읽으시면 책에 나오는 재밌는 단서를 놓칠 가능성이 큽니다. 줄곧 '프린들'이라는 말을 반대한 그레인저 선생님은 74쪽에서 왜 행복해 보이는 눈빛을 지은 걸까요? 아이들이 직접 고민하며 사고력을 넓힐 수 있도록 도와주세요.

생각을 확장하는 핵심 질문

① 표지

- 앞표지에 뭐가 보이나요?
- 앞표지에 어떤 물건 두 개가 있습니다. 이 물건은 무엇일까요?
- '이 물건'이 프린들과 무슨 관계가 있을까요?
- 아이들 표정이 어떤가요?
- 뒤표지에 나오는 등장인물의 성격은 어때 보이나요?

② 이야기 속으로 들어가기

- 닉은 수업시간에 무엇을 잘하나요?
- 그레인저 선생님은 얼굴을 찌푸리면서 행복해 보이는 눈빛을 하고 있었습니다. 왜 그랬을까요?
- 어느 날, 닉이 내게 펜 대신 프린들이라는 말만 쓰기로 약속하자고 합니다. 만약 내가 그 말을 들었다면 어떻게 대답할 건가요? 이유도 말해주세요.
- 교장선생님을 비롯한 그레인저 선생님은 '프린들'이라는 말을 사용하지 말라고 합니다. 이 상황에서 닉이 내게 '프린들'이라는 말을 계속 쓰자고 제안한다면, 만약 나라면 어떻게 대답할 건가요? 이유도 말해주세요.
- 마을의 대부분 학생들이 '프린들'이라는 말을 쓰기 시작했어요. 닉이 내게 프린들이라는 말을 쓰자고 합니다. 만약 나라면 어떻게 할 건가요? 이유도 말해주세요.
- 모든 사람이 낱말을 새롭게 부른다면 어떻게 될까요?

비경쟁 독서토론

사회자 63쪽을 펴고 이야기 속으로 들어갑니다. 나도 링컨초등학교에 다니는 학생입니다. 내 친구 닉이 펜 대신 프린들이라는 말을 사용하자고 합니다. 어떻게 대답할 건가요? 이유도 함께 생각해 보세요.

찬 성 동의할 것 같아요. 그 이유로는 첫째, 나쁜 행동이 아니기 때문이에요. 피해를 주는 행동도 아니라고 생각해요. 둘째, 책에서 그레인저 선생님도 사전에 나오는 말은 우리가 만드는 것이라고 하셨어요. 사실 닉은 선생님의 말에 따랐다고 생각해요. 우리가 쓰는 말이 언젠간 사전에 실릴 수도 있을 거예요. 그건 아이들에게도 좋은 경험이 될 거라고 생각해요. 셋째, 친구들이 모두 쓰겠다고 하는데 저 혼자 안 쓰겠다고 하기는 힘들기 때문이에요.

반 대 사용하면 안 된다고 생각해요. 첫째, '프린들'이라는 말을 모르는 사람들은 불편하기 때문이에요. 페니 팬트리 가게에 있던 아주머니께서 얼마나 당황하셨을까요. 둘째, 모르는 단어를 만들어내면 소외감을 줄 수 있기 때문이에요. 내 친구가 '프린들도 모르다니, 바보 아니야?'라는 눈빛으로 쳐다보면 속상할 것 같아요. 셋째, 갈등을 일으키기 때문이에요. 결국 '프린들'이라는 말은 학생들과 선생님들을 대립하게 만들었어요. 아무리 '프린들'이라는 말이 성공했다고 해도 이건 만들어진 이야기고, 실제에서는 갈등만 일으킬 가능성이 크다고 생각해요.

사회자 서로 질의응답하겠습니다.

찬 성 '프린들'이라는 낱말이 사전에 실리는 경험보다 불편함이 더 중요하다는 말인가요? '프린들'이 '펜'을 의미한다고 말해주는 게 크게 불편하다고 생각하지 않아요.

반 대 사람들이 불편하고 소외되는데 사전에 실리는 게 옳은 일이라고 생각하지 않아요. 찬성 측에 묻겠습니다. 친구들이 모두 한다고 해서 잘못된 행동을 할 수는 없어요. 친구를 때리는데 모두가 동의했다고 해서 때릴 건가요?

찬 성 친구를 때리는 행동과 새로운 낱말을 사용하는 건 다른 문제예요. 친구를 때리는 건 명백히 피해를 주는 행동이고 잘못이지만, 새로운 낱말을 사용하는 건 나쁜 행동이 아니기 때문이에요. 반대 측에게 묻겠습니다. '프린들'이라는 말을 모르는 사람에게 그게 '펜'이라고 말해주는 일이 힘든 일인가요?

반 대 한 사람에게 말해주는 건 힘든 일은 아니지만 '프린들'이라는 말을 모르는 모든 사람에게 말해주어야 하는 건 힘든 일이라고 생각해요.

사회자 질의 응답한 내용을 참고하여 자신의 의견을 글로 써 정리해 봅시다. 8~9줄 이상의 분량으로 써봅시다.

집에서 시작하는 초등독서토론

《선 따라 걷는 아이》, 크리스텐 베젤 글, 알랭 코르코스 그림, 김노엘라 옮김, 꿈교출판사, 2011.

선을 따라서 걷는 아이가 있습니다. 길을 걸을 때도, 집에 있을 때도, 잠을 잘 때도 선을 따라서 걷습니다. 이때 선이 무엇을 뜻하는 것 같은지 아이와 함께 이야기해보고, 부모님과 아이가 각각《프린들 주세요》의 닉과《선 따라 걷는 아이》의 주인공이 되어 대화를 나누어보는 활동을 하면 생각을 넓힐 수 있습니다.

《고맙습니다, 선생님》, 패트리샤 폴라코 글·그림, 서애경 옮김, 미래엔아이세움, 2001.

5학년이 되어도 글을 못 읽는 트리샤가 폴커 선생님을 만납니다. 폴커 선생님은 트리샤에게 할 수 있다고 용기를 줍니다. 폴커 선생님과 그레인저 선생님의 공통점과 차이점은 무엇일까요? 두 선생님을 비교하는 활동을 추천합니다. 또한 아이들에게 학교를 다니면서 그레인저 선생님이나 폴커 선생님 같은 분을 만난 적이 있는지 물어보면 책을 일상과 연결 짓는 연습도 할 수 있답니다.

슬기로운 말하기 생활

《예의 없는 친구들을 대하는 슬기로운 말하기 사전》
김원아 글, 김소희 그림, 사계절. 2022.

"어떻게 말하느냐가 중요해!"

"내 마음을 솔직하게 표현하자!"

'말 한마디로 천 냥 빚을 갚는다.'처럼 말의 중요성을 나타내는 옛 속담들은 지금까지도 우리에게 많은 메시지를 전달해줍니다. 가족, 친구, 연인 등 안팎으로 많은 관계들이 말로써 관계를 좋게 하기도, 나쁘게 하기도 합니다. 그런 '말'은 그냥 저절로 나오는 것이 아닌 생각과 마음에서 우러나옵니다. 하지만 어떻게 말해야 하는지 생각이 안 떠오르거나 머리로는 알아도 마음이 잘 따라오지 않을 때도 있죠. 그러면 이번 기회에 《예의 없는 친구들을 대하는 슬기로운 말하기 사전》을 살펴보며 차근차근 연습해 볼까요?

감성세포와 이성세포

이 책에서는 친구들과의 다양한 상황 속에서 어떻게 슬기롭게 말할지에 대해 소개하고 있습니다. 하지만 이 책을 소개하는 어른들도 슬기롭지 못할 때가 있습니다. 너무 감정적으로 솔직하게 또는 너무 이성적으로 영혼이 없게 말하곤 하죠. 그렇기 때문에 일상생활에서 슬기롭게 말하기 위해서는 먼저 내 안에 공존하는 감성세포와 이성세포를 정확하게 알고 대처해야 합니다.

아이들과 함께 감성과 이성 두 관점에서 슬기롭게 말하는 것이 무엇인지 생각하다 보면 결국 감성과 이성이 상호보완적인 관계로서, 슬기로운 말하기가 완성되는 것을 깨닫게 됩니다. 이는 토론 후, 찬반 양쪽 입장의 소개하는 글 흐름이 일맥상통한다는 것을 비교해보면 더욱 뚜렷하게 드러납니다. 약속한 내용들을 종합하여 우리 가족의 슬기로운 사전을 만들어 실천해 보는 것도 아주 좋습니다.

생각을 확장하는 핵심 질문

① 표지

- 앞표지에 뭐가 보이나요?
- 두 친구 사이에는 무슨 일이 있었을까요?
- (왼쪽 아래의 친구를 가리키며) 그 상황에서 이 친구는 어떻게 말했을까요?
- (오른쪽 아래의 친구를 가리키며) 이 친구는 어떻게 마음을 솔직하게 표현했을까요?
- 말 주머니 모양에 실제 사용한 말로 왜 쓰지 않았을까요?

② 이야기 속으로 들어가기

- 친구나 가족들 사이에서 어떻게 말할지 몰라 고민하거나 말로 인해 사이가 멀어진 적이 있나요?
- 그 상황에서 나는 어떻게 말했나요? 혹은 어떻게 행동했나요?
- 내가 그렇게 했을 때 상대방의 반응은 어땠나요?
- 그 상황으로 다시 돌아간다면 어떻게 말하고 싶나요?
- 그러면 상대방은 어떻게 반응할 것 같나요?
- "야, 시끄러워!" VS "지금은 수업 시간이니까 우리 쉬는 시간에 이야기하자." 두 말의 공통점과 차이점은 무엇인가요?
- '말'의 역할은 무엇일까요? '말'이 주는 힘은 무엇일까요?

비경쟁 독서토론

사회자 말할 때 감성(마음)과 이성(머리) 어느 부분이 더 중요하다고 생각하나요?

감성이 더 중요하다 응답하면

사회자 왜 그렇게 생각하는지 이유를 한두 가지로 써보세요.

자녀 1 말할 때 감성이 있어야 서로 솔직한 마음이나 진심을 전할 수 있어요.

사회자 내가 생각하는 슬기롭게 말하는 것이란 무엇인가요? 말할 때 감성이 더 중요한 이유와 연결 지어 말해보세요.

자녀 2 서로의 마음을 솔직하게 나누고 진심을 통하게 하는 것이 슬기로운 말하기라고 생각해요.

사회자 서로의 감정에만 치우쳤을 때 생기는 문제점은 없을까요? 예를 들어, 친구가 짜증나게 한다고 화내면서 말하면요?

자녀 1 친구가 당황할 것 같아요. 사이가 멀어질 것 같아요.

사회자 그렇다면 솔직하게 서로의 감정을 잘 전달하면서 좋은 관계를 유지할 수 있는 방법은 무엇일까요? 나만의 방법을 고안하여 소개하는 글쓰기를 해봅시다.

이성이 더 중요하다 응답하면

사회자 왜 그렇게 생각하는지 한두 가지로 써보세요.

자녀 1 말할 때 생각을 하고 말해야 상대가 기분이 상하거나 하는 문제가 생기지 않아요.

사회자 내가 생각하는 슬기롭게 말하는 것이란 무엇인가요? 말할 때 이성이 더 중요한 이유와 연결 지어 말해보세요.

자녀 2 서로 기분이 상하는 일이 생기지 않도록 말할 때 생각하는 것이 슬기로운 말하기라고 생각해요.

사회자 그렇게 말하는 방식으로 계속했을 때 생기는 문제점은 없을까요? 예를 들어, 상대가 바라는 말과 내가 하고 싶은 말이 다른 경우처럼 말이죠.

자녀 1 거짓말을 하게 돼요. 영혼 없이 말하게 되면서 결국 상대도 알아챌 것 같아요. 저 보고 겉과 속이 다르다고 할 거예요.

사회자 그렇다면 결국 사이가 안 좋아질 수도 있겠네요. 서로 기분이 상하지 않고, 솔직하게 마음을 전할 수 있는 방법은 무엇이 있을까요? 나만의 방법을 고안하여 소개하는 글을 써봅시다.

《가계부에 쏙 들어간 가족의 경제》, 윌리엄 화이트헤드 글, 마크 비치 그림, 김현정 옮김, 개암나무, 2015.

이 책을 통해 어른들의 용돈 기입장인 가계부로 가족의 경제활동을 살펴볼 수 있어요. 용돈을 바탕으로 돌아가는 나의 경제가 가족의 경제와 어떤 관련이 있는지 알아보고 가족의 경제에 기여할 수 있는 나와 가족들의 작은 실천들도 소개해 줍니다. 우리 가족에서도 가계부 또는 용돈기입장을 작성하여 보면서 저축과 지출의 균형을 맞춰보고 우리 가족의 경제에 도움이 될만한 규칙들을 함께 실천해 보세요.

《나의 탄소 발자국은 몇 KG일까》, 폴 메이슨 글, 마이크 고든 그림, 이충호 옮김, 다림, 2011.

우리가 일상적으로 쓰는 모든 것이 생겨날 때부터 버려질 때까지 직간접적으로 발생하는 이산화탄소의 양인 '탄소 발자국'에 대해 이야기하고 있습니다. 최근 심각한 지구 온난화의 원인인 탄소 발자국을 줄일 수 있는 방법도 살펴보며 현재의 편리함과 미래의 환경 사이에서 우리 가족이 실천할 수 있는 슬기로운 방법을 생각해 보세요.

개인의 존엄성 VS 공동체의 이익

《푸른 사자 와니니》
이현 글, 오윤화 그림, 창비, 2015.

"나는 약하지만, 우리는 강해!"
"난 와니니예요. 그리고 우린 와니니 무리예요."

《푸른 사자 와니니》는 무리를 지어 생활하는 사자 이야기입니다. 사자는 보통 새끼 시절에는 무리에서 보호를 받으며 생활하고, 어느 정도 성장하면 작은 공동체를 이루면서 살아갑니다. 다른 무리에 합류하기도 하는데, 이 과정에서 기존 우두머리와 경쟁하거나 홀로 떠돌이 생활을 하기도 합니다. 책을 읽기 전에 책 속 동물들의 생태와 습성에 관해 조사해 본 후 책을 보면 더욱 깊이 있는 독서가 될 수 있습니다.

사자처럼 우리도 사회 공동체의 일원으로 살아가면서 집단을 이루어 상호작용을 하며 지내고 있습니다. 그 속에서 기쁨과 슬픔을 함께 나누기도 하고, 소통을 통해 함께 성장하기도 하며, 갈등이 발생하여 싸움이 나서 힘들기도 합니다.

개인의 존엄성과 공동체의 이익은 병존할 수 있는가

세상에 사는 사람들은 다양한 모습으로 그들의 삶을 살아가고 있습니다. 그들이 속한 집단도 다양한 공동체의 모습이 있습니다. 개인이 공동체에서 '쓸모없는 아이'라는 말을 듣게 된다면 어떨까요? 공동체의 이익에 반하는 개인을 배척해도 괜찮을까요? 반면 우리 사회는 공익을 해치는 이기적인 개인의 생각과 행동을 어디까지 포용해야 할까요? 여러 구성원이 모인 공동체는 개인과 공동체 중 어느 것을 우선해야 할까요?

요즘 교실 속을 살펴보면 예전보다 개성이 뚜렷하고 다양한 가치관을 가진 학생들을 많이 보게 됩니다. 변화하는 사회에서 새로운 공동체 문화를 만들어가는 미래 세대의 학생들은 이러한 문제를 함께 고민하고 이야기를 나누는 시간이 필요합니다.

생각을 확장하는 핵심 질문

① 표지
- 앞표지와 뒤표지에서 어떤 그림들이 보이나요?
- 노란 왕관이 뜻하는 의미는 무엇일까요?
- 책 속에서 어떤 일들이 벌어질까요?

② 이야기 속으로 들어가기
- 시비를 거는 친구가 있다면 어떻게 행동하는 것이 좋을까요?
- 나와 생각이 다른 친구와 잘 어울리려면 어떻게 해야 할까요?
- 자신이 와니니라면 마디바 할머니에게 어떻게 이야기를 할 것인지 이야기해 봅시다.
- 쓸모없는 아이란 어떤 아이일까요?
- 나에게 무거운 벌이 있었다면 어떤 벌인지 이야기해 봅시다.
- 나에게도 익숙한 냄새가 있나요? 어떤 공간 또는 누구에게서 익숙한 냄새를 느꼈는지 이야기해 봅시다.
- 주인공처럼 솔직하지 못했던 경험이 있는지 이야기해 봅시다. 그 이유도 함께 이야기해 봅시다.
- 와니니 무리는 말라이카를 무리의 일원으로 받아들입니다. 와니니는 왜 약자를 품어주었나요? 나라면 어떻게 했을까요?
- 와니니가 마디바의 제안을 거절한 이유는 무엇인가요?
- 와니니를 위대한 왕이라고 한 까닭은 무엇일까요? 훌륭한 리더는 어떠해야 하는지 이야기해 봅시다.
- 인상 깊은 등장 인물은 누구이며, 그 이유는 무엇인가요?

집에서 시작하는 초등독서토론

비경쟁 독서토론

사회자 '무리에서 쓸모없는 사자(약자)는 내보내야 한다.'라는 주제로 토론을 시작하겠습니다. 찬성과 반대로 나누어 의견에 대한 근거를 생각해 봅시다. 찬성 측부터 말씀해 주세요.

찬 성 약한 사자가 한 마리라도 있으면 강한 무리가 되기 어렵습니다. 그리고 사자는 크고 힘이 세야 하는데 무리의 이익에 도움이 안 되는 약한 사자가 있으면 다른 무리의 공격을 받습니다.

사회자 정리하면, 찬성 측은 '첫째, 강한 무리를 유지하기 위해서이다. 둘째, 약하고 힘없는 사자는 무리에 도움이 되지 못한다.'군요.

반 대 힘이 약하다고 해도 감각기관이 발달되어 다른 사자보다 먹이를 잘 찾아낼 수 있고, 다른 집단에서 공격해 오는 소리를 먼저 들을 수도 있습니다. 또한 무리(공동체)는 사자들(개인들)로 구성됩니다. 모두 소중하고, 모든 사자는 존중받아야 합니다. 또한 한 마리가 약할지는 모르지만 서로 힘을 합하면 무슨 일이든 해낼 수 있을 것입니다.

사회자 반대 측은 '첫째, 사람이 자신만의 개성이 있듯이 사자들도 그 사자만의 장점이 있다. 둘째, 모든 사자는 존중받아야 하며, 서로 힘을 합하면 공동체의 힘이 세질 수 있다.'라고 정리하였습니다. 서로 질의응답하면서 상대측의 생각을 알아봅시다.

찬 성 어떤 능력도 없어서 쓸모없는 사자는 무리에 도움이 되지 않다고 생각합니다. 이점은 어떻게 생각하나요?

반 대 '쓸모없다'라는 것은 생각하는 사람에 따라 주관적입니다. 어떤 상황에서는 쓸모있는 것이 어떤 상황에서는 쓸모없을 수가 있습니다. 약한 사자라도 공동체에서 도움이 될 수 있습니다. 찬성 측에 묻겠습니다. 사자도 하나의 소중한 생명입니다. 약한 사자도 무리로부터 존중받아야 하지 않을까요?

찬 성 한 마리 사자보다 무리의 생존과 존속이 더 중요합니다. 건기가 되면 먹이를 구하기 어려워서 강한 사자도 먹이를 먹지 못해 약해질 수 있습니다. 약한 한 마리 사자보다 공동체의 이익이 우선하므로 쓸모없는 사자는 내보내야 합니다.

사회자 찬성과 반대의 질의응답 이후 서로 최종 의견을 나누겠습니다.

사회자 '무리에서 쓸모없는 사자(약자)는 내보내야 한다.'에 대한 자신의 의견을 글로 써봅시다. 18줄 이상 써봅시다.

위에서 제시한 논제를 정리하면서, 개인의 존엄성을 지키고 이익을 실현하는 동시에 공동체의 이익을 실현하는 방법은 무엇인지 함께 이야기를 나눠보도록 합니다.

《푸른 사자 와니니》는 '개인의 존엄성과 공동체의 이익' 뿐만 아니라 '마디바는 좋은 리더인가? 좋은 리더란 어떤 리더인가?', '나라면 와니니를 구해 줄 것인가?' 등 토론할 수 있는 주제가 많은 책입니다. 토론 주제는 책 속에 등장하는 내용으로 해도 좋고, 코로나19 개인정보 공개 등 실제 일어난 상황으로 제시해도 좋습니다.

《세상을 아프게 하는 말, 이렇게 바꿔요!》, 오승현 글, 소복이 그림, 토토북, 2015.

　일상생활에서 겪는 차별과 편견에 관한 다양한 사례가 소개되어 있으며, 어린이들이 올바른 가치관을 형성할 수 있도록 돕는 책입니다. 책에 있는 제목을 그대로 논제로 정하여 토론할 수 있어서 토론 입문자들에게 추천합니다.

《투명한 아이》, 안미란 글, 김현주 그림, 나무생각, 2015.

　사회의 구성원이지만 기본적인 인간의 권리를 누리지 못하고 살아가는 사람들에 관한 이야기입니다. 소외된 사람들이 사회 구성원으로 함께 살아가는 방법은 무엇이 있을지 이야기해보세요. 또한 그들을 돕는 방법을 생각하고 실천해보면 의미 있는 경험이 될 것입니다.

딴지로 정의구현

《딴지가족》
김하늬 글, 조승연 그림, 개암나무, 2017.

"규칙을 정했으면 지켜야 하지 않나요?"
"우리 가족이 사회 정의 구현을 위해
얼마나 많은 노력을 하는지 알면 아마 기절초풍할걸."

다른 사람의 행동에 피해를 입은 적이 있나요? 어떻게 대처했나요? 우리는 많은 사람들과 함께 생활하고 있습니다. 이웃 간에 좋은 일을 함께하기도 하지만, 층간 소음부터 시작해서 쓰레기 처리 문제와 같은 예민한 문제가 생기기도 해요. 그 모든 행동을 신고하면 어떨까요? 규칙이나 법을 지키지 않았으니 신고하는 게 사고를 예방하는 방안이 될 수도 있습니다. 거꾸로 누군가 내가 피해를 준다고 신고한다면 어떤 기분이 들까요?

정의로운 가족과 신고 당하는 이웃

딴지네 가족은 사명을 가지고 삽니다. 나 자신과 가족, 국가와 인류를 위해서 법이나 규칙을 어기는 사람들을 신고해야 한다는 것이죠. 사소한 일에도 딴지를 겁니다. 좋게 생각하면 그냥 두면 커질 일을 미리 막는 게 될 수 있죠.

법이나 규칙을 지키지 않는다면 모두 신고해야 할까요? 토론 전에 우리 주변에 그런 친구나 이웃이 있다면 어떻게 할지 질문해 보세요. 반대로 내가 신고를 당한다면 어떤 기분이 들지 물어보세요. 구체적인 상황을 제시하면 효과적입니다.

피해 주는 친구의 행동과 대응에 대해서도 자녀와 이야기를 나눠보세요. 신고와 관련된 이야기를 하다 보면 학교생활에 대한 자녀의 생각도 알 수 있을 겁니다. 책을 읽으면서 공감되는 상황을 골라보고, 나라면 어떻게 할지 고민해 보세요. 그 상황에서 나의 말이나 행동을 포스트잇에 적어보고 다른 사람과 비교하면 좋습니다.

생각을 확장하는 핵심 질문

① 표지

- 앞표지와 뒤표지에서 어떤 색을 많이 사용했나요?
- 표지에 등장하는 사람들은 누구일까요?
- 등장인물의 성격을 추측해 봅시다.
- 어떤 내용이 나올지 이야기해 봅시다.

② 이야기 속으로 들어가기

- 딴지는 왜 마음을 다잡을까요?
- 딴지는 왜 자꾸 고발할까요?
- 딴지의 말에 가족들은 뭐라고 답할까요?
- 상한 귤은 누가 책임져야 할까요?
- 내가 만약 이런 대접을 받는다면 어떤 생각이 들까요?
- 아빠는 왜 갑자기 입을 꾹 다물었을까요?
- 딴지는 왜 불공평하다고 생각했나요?
- 이 부분을 읽으면 딴지네 가족이 한 행동이 이해가 되나요?
- 부장의 질문에는 어떻게 답해야 좋을까요?
- 딴죽 가족이란 말을 듣고 아빠는 웃은 걸까요?
- 담당 의사의 말을 들은 딴지네 가족은 어떤 마음일까요?
- 아빠는 어떤 생각을 했을까요? 이전의 상황들을 돌아보며 유추해 봅시다.

비경쟁 독서토론

사회자 '규칙이나 법을 어겼을 때, 모두 신고해야 한다.'는 주제로 토론을 시작하겠습니다. 찬성과 반대로 나누어 의견에 대한 근거를 정리해보세요. 준비 시간은 15분입니다. 찬성부터 말해주세요.

찬 성 규칙이나 법을 어기면 신고해야 해요. 첫째, 규칙을 지키지 않으면 피해를 받는 사람이 생겨요. 잘못했어도 그냥 넘어가 주면 처음엔 고마운 마음이 들겠지만, 그 다음에는 그게 당연하다고 생각해서 계속하잖아요. 옆에 있는 사람들은 너무 괴로울 거예요. 둘째, 점점 규칙을 지키지 않는 분위기가 되면 범죄도 늘어날 거예요. 그럼 경찰도 많아져야 하고, 사람들은 무서운 일을 당할까봐 걱정하며 살지 않을까요? 그래서 규칙이나 법을 어기면 신고해야 한다고 생각해요.

반 대 규칙이나 법을 어긴다고 모두 신고하면 안 돼요. 첫째, 친구와 이웃 사이에 사소한 잘못을 신고하면 서운한 마음이 들고 사이가 나빠져요. 사이가 나빠지면 더 큰 범죄가 생길 수 있어요. 둘째, 사람들은 사소한 잘못이라도 할까봐 걱정하며 살 거예요. 실수하면 안 된다고 걱정하면 잘하던 일도 못하게 되니 더 좋지 않은 결과가 생겨요. 그래서 규칙이나 법을 어기더라도 모두 신고하면 안 된다고 생각해요.

사회자 서로 질의응답하겠습니다.

찬 성 반대 측은 규칙이나 법을 어긴 사람이 범죄자라고 생각하지 않나요? 범죄자도 봐주자는 말인가요?

반 대 법을 어긴 사람은 범죄를 저지른 범죄자가 맞아요. 범죄자를 모두 봐주자는 말은 아니예요. 큰 범죄를 저지른 사람은 처벌받아야 하지만 작은 실수로 잘못한 사람은 신고하면 안 된다고 생각해요.

찬 성 그럼 우리가 큰 범죄인지 작은 범죄인지 판단하나요? 잘못했다면 신고해야 해요.

반 대 찬성측 분들은 사소한 잘못으로, 예를 들어 지나가다가 실수로 친구를 쳤다고 해봅시다. 그런 상황에서 신고당하면 어떨 것 같나요? 속상하지 않을까요?

찬 성 속상하긴 하겠죠. 그렇지만 딴지 가족이 말한 것처럼 법과 관련된 문제도 있을 거예요. 교통 신호를 무시하고 횡단보도를 건너는 행동이 나오는데, 그 아이가 커서 차를 운전하며 교통 신호를 무시하고 간다고 생각해 보세요. 더 큰 피해가 생길 수 있어요.

반 대 그런 행동을 찾아서 막는 일은 경찰이 하는 것 아닌가요?

찬 성 경찰이 그 모든 상황을 찾아서 막을 수는 없어요. 우리가 함께 법을 지키지 않은 사람을 막아야 해요.

사회자 지금까지 질의응답한 내용을 참고하여 자신의 의견을 글로 써서 제안해 봅시다. 분량은 12줄 이상 써봅시다. 보충할 점이나 구체적인 사례를 더해 쓴다면 글이 더 탄탄해질 거예요.

집에서 시작하는 초등독서토론

《사라, 버스를 타다》, 윌리엄 밀러 글, 존 워드 그림, 박찬석 옮김, 사계절, 2004.

정의로운 사라의 이야기는 미국 흑인 민권 운동을 시작한 로사 팍스의 실화를 바탕으로 했습니다. 흑인에 대한 차별을 어떻게 해결했을까요? 우리가 함께 도울 수 있다면 어떤 도움을 주는 것이 좋을지 생각해 보세요. '악법도 법이다.'라는 주제로 찬반 토론을 하는 것도 좋습니다.

《일곱 번째 노란 벤치》, 은영 글, 메 그림, 비룡소, 2021.

우리 주변에 있을 법한 이웃이 등장합니다. 흔히 만날 수 있는 이웃과 여러 사건들을 통해 함께하는 힘에 대해 이야기합니다. 주인공 지후의 감정 변화를 살펴보세요. 또한 지후가 만나는 이웃마다 각각의 특징을 파악하며 읽으면 내용을 깊게 이해할 수 있습니다.

현재의 빛나 VS 과거의 그림자

《 빛나는 그림자가 》
황선미 글, 이윤희 그림, 시공주니어, 2021.

"내가 진짜 식구가 아니라는 게 분명해진다."

"나는 절대로 밝히지 않을 것이다."

《빛나는 그림자가》라는 제목이 '그림자가 과연 빛이 날 수 있을까?' 하는 궁금증을 불러일으킨다. 이 책은 닮았지만 다른 두 인물을 그려내며 사춘기 소녀의 내면 모습과 정체성에 관한 고민을 섬세하게 풀어내고 있습니다. 책에 등장하는 결핍의 요소로 토론을 하여도 되지만, 사춘기가 시작되는 중학년 시기에 학생들의 우정 및 진정한 친구 관계에 관해 이야기를 나누면 더 좋겠습니다. 나아가 자녀들과 함께 '나는 누구인가?' '현재의 내 모습과 과거의 내 모습은 어떠한가?' '진정한 가족과 친구란 어떤 모습일까?' '내가 중요하게 생각하는 것은 무엇일까?'에 관해 서로의 생각을 나눠보기 바랍니다.

현재의 나는 과거의 나로부터

속담 중에 '피는 물보다 진하다.'라는 말이 있습니다. 예로부터 우리 사회는 은연중에 혈연관계가 진짜 가족이고 정상적인 가족이라고 생각해 왔습니다. 가족 해체가 많아지고, 가족 구성이 다양해진 오늘날에도 이 속담이 가끔 사용되고 있으며, 아직 입양 가족에 대한 편견이 남아 있는데요. 이 책의 주인공 장빛나라(빛나)는 한 가정에 입양된 소녀로 출생의 비밀을 갖고 있습니다. 빛나는 친한 친구에게조차도 그 비밀을 말하는 데 큰 두려움이 있습니다. 과거, 비밀이 밝혀지던 순간에 혼자가 된 경험이 있으니까요. 그림자처럼 어둡고 감추고 싶은 과거를 드러내는 데는 큰 용기가 필요합니다. 책을 읽고, 사춘기가 시작되는 자녀들과 자신에 관해 생각해보고 서로의 비밀을 나눠보는 시간을 갖기 바랍니다. 진정한 가족의 울타리 안에서 아이들은 건강한 자아 정체성과 바른 친구 관계를 배우게 될 것입니다.

생각을 확장하는 핵심 질문

① 표지
- 앞표지에서 가장 눈에 띄는 것은 무엇인가요?
- 앞표지에서 두 사람의 공통점을 찾아봅시다.
- 앞표지에서 두 사람의 차이점을 찾아봅시다.
- 무슨 내용일지 이야기해 봅시다.

② 이야기 속으로 들어가기
- 학교를 오고 가는 길에 내가 좋아하거나 관심 있는 대상이 있나요?
- 나만 간직하는 비밀 공책이 있나요? 있다면 비밀 공책에 무슨 내용을 적고 싶나요?
- 주인공은 왜 태몽 이야기에 기분이 좋지 않을까요?
- 나의 꿈은 무엇인가요?
- 학교에서 발표하다가 떨린 기억이 있으면 이야기해 봅시다.
- 친구가 나의 말이나 행동을 오해하고 화를 냈을 때, 어떻게 하면 좋을지 이야기해 봅시다.
- 주인공의 말과 표정을 보고, 기분을 이야기해 봅시다.
- 나는 어떤 문제가 가장 해결하기 어려운지 이야기해 봅시다.
- 내가 주인공이라면 어떤 선택과 행동을 할까요?
- 이야기에 나오는 인물 중에서는 나는 누구와 가장 닮았나요?
- 윤과 주인공의 다른 점은 무엇인가요?
- 내가 주인공이라면 친구에게 나의 비밀을 이야기할까요?

집에서 시작하는 초등독서토론

비경쟁 독서토론

사회자 '친한 친구 사이에도 비밀은 필요하다.'라는 주제로 토론을 시작하겠습니다. 찬성과 반대로 나누어 의견에 대한 근거를 생각해 봅시다. 찬성 측부터 말씀해 주세요.

찬 성 찬성합니다. 그 이유는 아무리 친한 친구라고 해도 사생활이고, 출생에 관한 감추고 싶은 비밀을 이야기하기는 어렵기 때문입니다. 또한 친한 친구에게 비밀을 털어놓았는데 소문이 퍼지게 되면 나는 상처받을 수 있고, 친구와 관계도 안 좋아져서 매우 힘들어질 수 있습니다. 그리고 자신과 다르다는 이유로 친구들에게 없던 편견이 생길 수도 있습니다.

사회자 네. 찬성 측은 '첫째, 나의 출생의 비밀을 이야기하는 것은 어렵다. 둘째, 비밀을 들은 친구가 비밀을 지키지 않으면 친구와의 신뢰 관계가 깨질 수 있다. 셋째, 친구가 편견을 가질 수 있다.'라는 근거로 찬성하는군요. 이제 반대 측 말씀해 주세요.

반 대 친한 친구라면 비밀은 없어야 한다고 생각합니다. 사람은 누구나 이해되지 않는 행동을 하면 화가 날 수 있습니다. 비밀을 함께 나누면 그 사람을 더 잘 이해할 수 있는데, 감추고 오해할 만한 행동을 하면 친구 사이가 더 멀어질 수 있습니다. 또한 진정한 친구라면 모든 것을 이야기할 수 있어야 하고, 혹시라도 친구의 비밀이 알려졌을 때 친구를 진심으로 도울 수 있다고 생각합니다. 만일 친한 친구의 비밀을 다른 친구에게 듣게 된다면 친구를 믿지 못하고 서로 멀어질 수 있습니다.

사회자 네. 반대 측은 '첫째, 친구 사이에 비밀이 있으면 서로 오해하는 일이 생길 수 있다. 둘째, 진정한 친구라면 모든 것을 공유하고 어려울 때 도울 수 있어야 한다. 셋째, 친한 친구의 비밀을 다른 친구를 통해 듣게 된다면 친구와의 신뢰가 깨지고 사이가 멀어진다.'라는 근거로 반대하는군요. 서로 질의응답하겠습니다.

찬 성 친구에게 말하기 어려운 비밀로 오해가 생긴 경우, 친구가 오해하고 있는 나의 행동을 대화로 잘 이야기하면 되지 않을까요? 진정한 친구라면 오해하고 화가 난 상태라도 마음을 열고 친구의 이야기를 잘 들어줄 수 있어야 한다고 생각합니다.

반 대 비밀로 인해 오해하는 상황이 생기지 않도록 미리 친구에게 나의 비밀을 이야기한다면 서로 관계가 좋아질 것입니다. 감추고 싶은 비밀을 말하기 어렵다면 진정한 친구라고 볼 수 없지 않나요? 비밀을 말했는데 더 사이가 멀어진다면 그 친구는 진짜 친구라고 볼 수 없다고 생각합니다.

찬 성 좋아하는 친구를 잃기 싫은 마음이 크면 비밀을 이야기하기 어려울 수 있다고 생각합니다.

사회자 찬성과 반대의 질의응답 이후 서로 최종 의견을 나누겠습니다. '친한 친구 사이에도 비밀은 필요하다'에 대한 자신의 의견을 18줄 이상 써봅시다.

집에서 시작하는 초등독서토론

《우리들의 비밀 클럽》, 유순희 글, 박지윤 그림, 그린애플, 2022.

　친구 관계에 자신이 없는 아이들에게 우정을 쌓아가는 방법과 진정한 친구를 알아보는 힘을 길러주는 이야기입니다. 주인공이 느끼는 외로움과 상처를 경험한 적이 있는지 자녀와 함께 이야기해보세요. 상처를 딛고 성장하는 방법과 친구와 좋은 관계를 유지하는 법을 알게 될 거예요.

《나는 뻐꾸기다》, 김혜연 글, 장윤주 그림, 비룡소, 2009.

　뻐꾸기는 알을 다른 둥지에 낳고 가버리고, 다른 새가 뻐꾸기 알을 품습니다. 어릴 적 외삼촌 집에 맡겨진 뻐꾸기 동재는 옆집에 사는 기러기 아저씨와 친구가 되어 비밀의 방을 공유하게 됩니다. 책을 읽고, '내가 주인공이었다면 어떻게 했을까?' 이야기 나눠보세요.

외모는 경쟁력?

《 정재승의 인간 탐구 보고서 1 》
정재승 기획, 정재은·이고은 글, 김현민 그림, 아울북, 2019.

"지구인은 얼굴에 나타나는

아주, 매우 사소한 차이로 사람을 구분한다."

"지구인이 외모를 따지는 데는 이유가 있다."

외계인의 시선에서 본 지구인의 모습은 어떨지 생각해 본 적 있나요? 외계인의 모습을 상상한 책이나 영화는 많지만, 외계인이 우리를 어떻게 생각할지 기술한 책이나 영화는 많이 보지 못했습니다. 여기 독특한 발상으로 외계인의 시선에서 인간의 뇌과학과 심리를 흥미롭게 풀어간 책이 있습니다. 바로 《정재승의 인간 탐구 보고서》입니다.

정재승은 카이스트 뇌인지과학과 교수로 '우리의 뇌는 어떻게 선택을 하는가'를 탐구하고 있는 물리학자입니다. 어린이들의 눈높이에서 뇌과학을 재미있게 풀이하고 나와 주변인을 이해할 수 있도록 돕는 책인 《정재승의 인간 탐구 보고서》는 총 10권 세트가 있습니다. 이 책에서는 제1권 '인간은 외모에 집착한다.'를 주제로 이야기 나눠보겠습니다.

외모지상주의를 뇌과학으로 설명하다

"겉모습으로 가치를 판단하는 곳은 지구뿐이다." 외계인이 바라본 지구인의 특징 중 하나가 바로 외모로 차별하는 모습이었습니다. 왜 지구인들은 사람을 겉모습으로 판단하고 외모를 중시하게 되었을까요? 책에서는 그 이유를 외계인의 보고서를 통해 뇌과학과 연관 지어 자세하게 설명하고 있습니다. 그렇다면 본능적이고 감성적인 우리의 뇌를 있는 그대로 이해하고 그 무엇보다 외모를 중시하는 것이 옳을까요?

인간은 감성적이고 즉각적인 뇌의 체계가 작동하지만, 분명히 이성적인 뇌의 체계도 작동하고 있습니다. 뇌를 이해하고 어떤 행동과 생각을 하는 것이 바람직한지에 대해 이야기를 나눠보면 좋습니다. 책을 읽고 흥미로운 토론 거리 또는 새로 알게 된 이야기를 서로 이야기해 보세요.

생각을 확장하는 핵심 질문

① 표지

- 앞표지와 뒤표지를 보고 궁금한 점은 무엇인가요?
- 앞표지에서 가장 눈에 띄는 인물은 누구인가요?
- 제목이 '인간 탐구 보고서'인 이유는 무엇일까요?

② 이야기 속으로 들어가기

- 지구인의 외모 차이를 사소하다고 표현한 이유는 무엇인가요?
- 지구 통계청의 조사 결과를 보고 앞으로의 기대수명과 출생아 수 변화를 예측해봅시다.
- 시각정보처리 과정을 이야기해 봅시다.
- 지구에서 아우레 행성의 보호막 역할을 하는 것은 무엇인가요? 어떤 역할을 하나요?
- 자신에게 가장 소중한 것은 무엇인지 이야기해 봅시다.
- 하라하라가 사라졌습니다. 어떻게 해야 할까요?
- 내가 미용실 원장이라면 누구를 미용 보조로 채용할 것인지 이야기해 봅시다.
- 외모지상주의에 대한 자신의 의견을 이야기해 봅시다.
- 사람들의 '유행 따르기'에 대한 찬성과 반대 의견을 이야기해 봅시다. 또한 사람들이 유행을 따르는 이유는 무엇인가요?
- 청소년의 미용성형에 대한 자신의 의견을 이야기해 봅시다.
- 책을 읽으면서 이야기하고 싶은 토론 주제가 있나요?

비경쟁 독서토론

사회자 '내가 미용실 원장이라면 외모가 더 뛰어난 오로라를 미용 보조원으로 채용한다.'를 주제로 토론을 시작하겠습니다. 찬성과 반대로 나누어 의견에 대한 근거를 생각해 봅시다. 찬성 측부터 말씀해 주세요.

찬 성 찬성합니다. 이유는 사람은 누구나 아름다운 외모에 끌리기 마련이기 때문입니다. 또한 미용 보조 대결에서 2:1로 오로라가 진 것은 오로라가 처음이라서 서툴고 느렸기 때문입니다.

사회자 '첫째, 오로라는 호감 가는 외모이다. 둘째, 미용 보조 대결에서 지긴 했지만 곧 극복할 수 있는 문제이다.'라고 이야기하였습니다. 반대 측 말씀해 주세요.

반 대 반대합니다. 그 이유는 미용 보조 대결을 펼쳤을 때 라후드가 이겼기 때문입니다. 능력이 아닌 단지 외모만으로 미용 보조원을 뽑으면 안 된다고 생각됩니다. 능력보다 외모를 보고 직원을 뽑는 곳이 많아지면 우리 사회는 더욱 외모지상주의 사회가 될 것입니다.

사회자 '첫째, 외모가 아닌 미용 보조 실력, 즉 능력을 보고 채용해야 한다. 둘째, 외모지상주의를 지양하고 다양한 외모에 동등한 가치를 부여해야 하기 때문이다.'라고 이야기하였습니다. 서로 질의응답 해 주시길 바랍니다.

찬 성 책을 보면 뛰어난 외모는 뇌의 보상 체계가 자극받아 사람들을 기분 좋게 만든다고 합니다. 오로라는 단정하고 멋진 스타일을 가졌으므로 미용실에 더 많은 손님이 올 수 있습니다. 외모도 능력이지 않을까요?

반 대 손님들이 오로라를 보고 기분이 좋아질 수는 있지만, 청소와 머리 감기 서비스 등 미용실의 보조 역할을 제대로 해야 그 미용실을 계속 올 수 있다고 생각합니다.

사회자 연구 결과에 따르면, '외모가 뛰어난 사람을 보면 도파민이 전전두엽까지 다다르고 기분이 좋아진다.'라고 알려져 있습니다. 반대 측은 장기적으로 볼 때, 미용실 선택 기준이 미용 보조원의 외모가 아닌 청결과 서비스임을 강조하고 있습니다.

반 대 외모는 개인이 지닌 특징에 불과합니다. 인간의 뇌는 감성적인 동시에 이성적입니다. 우리는 외모보다는 능력을 중시하는 이성적인 판단을 해야 한다고 생각합니다. 라후드는 머리 감겨주기를 좋아하지만, 오로라는 타인의 머리를 만지는 것을 좋아하지 않습니다. 이 점에 대해 찬성 측은 어떻게 생각하나요?

찬 성 오로라가 처음에는 머리 감겨주는 것을 싫어할지라도 칭찬을 많이 받게 되면 '자기 충족적 예언'에 따라 긍정적 평가를 받고 더 노력할 수 있습니다.

사회자 최종 의견에 대한 자신의 견해를 글로 써봅시다. 18줄 이상 써봅시다.

《초등학생 과학 궁금증 100》, 정재은 글, 그양 그림, 다락원, 2021.

어린이들이 궁금해하는 100가지 과학 질문이 다양한 영역으로 구성되어 있습니다. 총 8가지 영역(동물, 화학, 지구, 우주, 사람, 생물, 물리, 식물)의 지식과 과학 상식을 담은 책입니다. 책을 읽기 전에 목차만 살핀 후 답을 해보고 누가 더 많이 맞히는지 게임을 하며 책을 읽으면 더욱 재밌게 읽을 수 있습니다.

《내 마음이 뇌 때문이라고?》, 박솔 글, 박선하 그림, 다락원, 2020.

우리가 느끼는 감정은 뇌가 보낸 신호로 나타납니다. 어려운 뇌과학 내용을 어린이들이 쉽게 이해할 수 있도록 구성한 책입니다. 다양한 감정이 생길 때 뇌 속에서 어떤 일들이 벌어지는지 상상하며 읽어봅시다.

1+1이 공짜가 아니라고요?

《1+1이 공짜가 아니라고?》
이정주 글, 강은옥 그림, 개암나무, 2018.

"네? 무조건 더 주면 좋은 거 아니에요?"
"우창아, 물건을 더 준다고 무조건 좋은 게 아니야.
품질이나 중량 등을 비교해 봐야지."

집에서 시작하는 초등독서토론

우창이에게 무슨 일이 일어난 걸까요? 하나를 사서 하나를 더 받으면 좋은 건 줄 알았는데 꼭 그렇지는 않은 것 같아요. 이처럼 아이들도 생활 속에서 경제활동을 합니다. 이득이라고 생각한 선택이 자세히 살펴보면 손해인 결과로 돌아오기도 하지요. 이 책을 읽으면 무엇이 경제적인 선택인지 생각해보면 합리적인 소비자로 거듭날 수 있어요.

10가지 질문으로 합리적인 소비자로 거듭나기

이 책은 10가지 질문으로 이루어져 있습니다. 책을 읽고 질문에 하나하나 답하다 보면 우리는 10가지 상황에서 경제적인 선택을 하게 됩니다. 각각의 질문에 경제적인 선택을 하기 위해 고민하는 시간이 아이를 성장시키기 때문에 이 책은 시간을 가지고 천천히 읽어나가야 합니다. 책을 읽기 전에 질문에 관한 생각을 간단히 나누어본 후, 책을 읽고 같은 주제로 한 번 더 토론하기를 권합니다. 이때 읽기 전과 후 자신의 생각을 각각 기록해둔다면 아이들이 자신의 생각이 어떻게 변했는지 파악할 수 있습니다. 변화된 생각을 눈으로 확인하면 아이들이 굉장히 뿌듯해합니다.

2022년을 기준으로 학교에서는 4학년 2학기가 되어야 경제활동에 대해 배우기 시작합니다. 아이가 경제활동을 배우기 전이라면 기회비용, 경제활동과 같은 단어보다는 다양한 일화를 통해 경제에 첫걸음을 뗄 수 있도록 도와주세요.

이 책은 각 장마다 서로 다른 이야기가 제시되어 있습니다. 앞표지에 있는 5가지 그림 중 재미있어 보이는 상황을 고르거나 목차를 보고 가장 관심이 가는 주제를 골라 이야기하는 방법도 추천합니다.

생각을 확장하는 핵심 질문

① 표지

- 1+1 제품이나, 2+1 제품을 산 경험이 있나요?
- 앞표지에 있는 5가지 상황 중 어느 그림이 가장 흥미롭나요?
- 휴대전화기를 들고 있는 남자 아이의 표정은 어떤가요?
- 남자 아이는 왜 이런 표정을 짓고 있을지 추리해 봅시다.

② 이야기 속으로 들어가기

- 대형마트에 간 경험을 이야기해 봅시다.
- 마트에서 문화센터를 운영하는 이유가 무엇인가요?
- 마트나 시장에서 물건을 산 경험이 있나요?
- 만약 내가 우창이었다면 마트에 가서 어떻게 물건을 살 것인가요?
- 만약 유통과정이 없다면 제주도에서 나는 은갈치를 어떻게 구매할 수 있을까요?
- 대형마트는 어떻게 물건을 싸게 파는 걸까요?
- 대형마트도 웃고, 소비자도 웃을 수 있는 방법이 무엇일까요?
- 물건을 살 때 어떻게 사는 것이 합리적인 선택일까요?
- 내가 만약 바자회에 참여하여 물건을 판다면 대형마트가 사용하고 있는 판매 전략을 어떻게 활용할 수 있을까요?
- 1+1 물건을 사는 것이 경제적인 선택일까요?

비경쟁 독서토론

사회자 요즘 마트나 편의점을 가면 1+1, 2+1 상품을 종종 볼 수 있습니다. '1+1 상품을 사는 것이 경제적인 선택인가?'에 대해서 찬성, 반대 중 자신의 입장의 정하고 그렇게 생각한 이유를 써 봅시다.

찬 성 저는 경제적인 선택이라고 생각해요. 왜냐하면 하나를 살 수 있는 돈으로 두 개를 살 수 있기 때문이에요. 우창이가 추가적으로 산 만두와 카레는 다음에 먹을 수도 있어요.

반 대 저는 경제적인 선택이 아니라고 생각해요. 왜냐하면 원래 사려고 한 소고기를 못 샀고, 미역도 좋은 미역이 아닌 중국산 미역을 샀기 때문이에요. 아버지께서 어머니께 해드리려고 한 건 소고기가 들어간 미역국이었어요. 저는 우창이가 대형 마트의 판매 전략에 말려 들어갔다고 생각해요.

사회자 찬성 측과 반대 측, 서로 질의응답하겠습니다.

찬 성 1+1은 하나를 공짜로 받는 건데, 하나의 가격으로 두 개의 물건을 얻는 것이 경제적이지 않다고 생각하나요?

반 대 물론 필요한 물건을 하나의 가격으로 두 개의 물건을 얻는 것은 경제적이라고 생각해요. 우창이가 원래 사려고 한 소고기 같은 것을 1+1으로 샀다면 경제적이라고 생각했을 거예요. 하지만 우창이는 1+1으로 필요 없는 물건을 산 거라서 경제적인 선택은 아니에요. 찬성 측에게 질문이 있어요. 1+1 물건을 사느라 소고기를 사지 못했는데 경제적인 선택이라고 생각하나요?

찬 성 소고기를 사지 못했지만 어머니께 드릴 선물도 샀고, 카레도 샀기 때문에 경제적인 선택이라고 생각합니다.

사회자 좋습니다. 찬성 측은 1+1으로 사는 물건이 원래 계획한 물건이 아니어도 경제적인 선택이라고 주장하고 있고, 반대 측은 1+1으로 사는 물건이 원래 계획한 물건일 때 경제적인 선택이라고 주장을 하고 있습니다. 팽팽한데요. 논제를 조금 바꾸어 보겠습니다. 그럼 호주산 소고기가 1+1 행사를 하고, 한우 1팩이 같은 가격이라고 가정해봅시다. 그럼 어떤 것을 고르는 게 합리적인 선택일까요? 찬성, 반대 측을 바꾸어도 됩니다.

찬 성 호주산 소고기를 두 팩 사는 것이 합리적인 선택이라고 생각해요. 왜냐하면 두 개를 얻을 수 있기 때문이에요. 둘 다 소고기이기 때문에 미역국에 넣었을 때 크게 맛 차이도 없을 것 같아요.

반 대 저는 한우를 사는 것이 합리적인 선택이라고 생각해요. 아버지께서는 어머니 생일이셔서 좋은 걸 해주시고 싶으셨을 거라고 생각해요.

사회자 좋아요. 두 팀 모두 근거를 들어서 말하는 모습이 인상적입니다. 이 부분에 대해서는 서로 가치 있다고 생각하는 선택을 하면 됩니다. 자신의 생각을 정리하는 글을 18줄 이상 써 봅시다.

집에서 시작하는 초등독서토론

《10원으로 배우는 경제이야기》, 미셸 르뒤크·나탈리 토르지만 글, 이브 칼라르누 그림, 조용희 옮김, 영교출판, 2002.

경제 책이 익숙하지 않은 학생들에게 경제 입문서로 적당한 책입니다. 아이들의 눈높이에 맞춘 책이기 때문이지요. 아이들이 책을 읽으면서 이해한 경제 용어나 내용으로 직접 문제를 만들게 해보세요. 서로서로 문제를 내고 맞히면서 더욱 재미있게 책을 읽을 수 있습니다.

《오늘은 용돈 받는 날》, 연유진 글, 간장 그림, 풀빛, 2021.

처음으로 용돈을 받은 현우가 겪는 일들과 그때 느낀 감정을 담은 경제 동화입니다. 이 책에는 용돈 관리하는 방법뿐만 아니라 3~4학년 학생이 소화할 수 있는 수준의 경제 지식도 함께 들어 있습니다. 현우가 겪은 일을 참고하여 용돈 활용 계획을 세워보는 활동을 추천합니다.

과학 기술의 발전, 괜찮을까?

《과학자가 가져야 할 덕목, 과학자 윤리와 책임》
서보현 글, 박선미 그림, 뭉치, 2021.

"저는 제가 연구하는 과학이 무서워요."

인류는 과학 기술과 함께 발전해 왔어요. 석유에서부터 석탄, 원자력 발전, 원자 폭탄, 플라스틱, 인터넷, 인공지능 등 다양한 과학 기술이 우리 일상 속에 존재하고, 앞으로 새로운 기술도 많이 나올 거예요. 하지만 이런 과학 기술이 우리에게 편리함과 새로움만 주지는 않는답니다. 《과학자가 가져야 할 덕목, 과학자 윤리와 책임》을 통해 과학 기술의 좋은 점과 나쁜 점에 대해 토론해 봅시다.

과학 기술 발전에 대한 자신의 생각 정리하기

이 책은 과학 기술의 양면성에 대해 집중적으로 다룹니다. 좋은 점도 있지만 나쁜 점도 있음을 알려줍니다. 아이들에게 종이를 주고 두 칸으로 나눈 다음, 직접 좋은 점과 나쁜 점을 정리하면서 읽게 하는 방법을 추천합니다. 이런 읽기 방법은 아이들의 집중력을 높이는 데 좋습니다.

평소 과학에 친숙하지 않은 친구들도 이 책에 다가가는 것이 어렵지 않습니다. 특별한 배경지식이 필요하지 않고, 각 장마다 만화로 시작하며, 전체적인 이야기 구조가 문제를 해결해나가는 구조를 가지고 있어서 흥미를 주기 때문이죠. 다만, 스토리에만 집중하여 책에 있는 지식 정보 부분을 놓치지 않도록 다 읽고 내용 확인 차원에서 퀴즈를 내는 것도 좋습니다.

내용 정리가 되었다면 이제 과학 기술 발전에 대한 자신의 생각을 정리해야 합니다. 과학 기술 발전에 찬성하는지 반대하는지 아이에게 물어보고 근거를 함께 찾아보는 활동을 추천합니다. 그러면 과학 기술의 양면성에 대해 아이와 이야기를 나눌 수 있습니다.

생각을 확장하는 핵심 질문

① 표지

- 앞표지에 나온 인물의 직업은 무엇일까요?
- 앞표지에 나온 그림의 상황을 추측해 볼까요?
- 앞표지에서 보이는 낱말 중 모르는 단어를 사전을 통해 찾아볼까요?
- 과학자는 과학 연구 개발 말고 어디에 신경을 더 쓰면 좋을까요?

② 이야기 속으로 들어가기

- 생활 속에서 드론을 어떻게 활용할 수 있을까요?
- 과학 기술이 발전하는 게 좋은지 나쁜지 이유와 함께 말해봅시다.
- 석유와 석탄과 같은 화석 연료가 없으면 우리 삶이 어떻게 될까요?
- 우리가 과학기술 발전에만 관심을 둔다면 지구는 어떻게 될까요?
- 작가는 왜 과학이 총칼을 들었다고 표현했을까요?
- 고릴라 군인의 감정이 어떤지 이야기해볼까요?
- 제트처럼 자신을 항상 도와주는 인공지능이 있으면 어떨 것 같나요?
- 가습기 살균제로 인해 사람들에게 피해를 입힌 회사에게는 책임이 있을까요? 있다면 어떻게 하는 게 좋을까요?

비경쟁 독서토론

사회자 과학 기술의 발전은 좋은 점도 있지만 나쁜 점도 있습니다. 과학 기술을 계속 발전시키는 것에 찬성하는지 반대하는지 자신의 생각을 정리해 봅시다.

찬 성 저는 찬성해요. 첫째, 과학 기술 자체는 아무 잘못이 없기 때문이에요. 과학 기술을 나쁜 목적으로 사용하는 사람들에게는 벌을 주면 된다고 생각해요. 둘째, 과학 기술이 환경에 도움이 될 수 있다고 생각해요. 31쪽에 나온 기름 분해 미생물처럼 말이에요. 더 좋은 과학 기술이 발전되지 않는다면 지금 지구가 아픈 것처럼 계속 아플 거예요.

반 대 저는 반대해요. 가장 큰 이유는 과학 기술로 인해 사람이 죽고 환경이 더욱 오염되기 때문이에요. 우리가 편하자고 더 이상 피해를 줄 순 없어요. 과학 기술은 충분히 많이 발전했으니 이제는 환경을 생각하고, 부작용을 논의해야 할 때라고 생각해요.

사회자 좋아요. 그럼 서로 질의응답하면서 상대측의 생각을 알아봅시다.

찬 성 과학 기술의 부작용으로 인해 사람들이 죽고, 환경이 오염된 점에 대해서는 동의해요. 하지만 과학 기술이 발달하지 못해서 죽어간 사람들도 생각해야 해요. 책에서 나온 것처럼 알렉산더 플레밍이 '페니실린'을 개발하여 많은 사람을 살리고, 김순권 박사님이 '슈퍼 옥수수'로 많은 사람을 살린 것처럼 말이에요. 저는 과학 기술로 인해 피해 받을 사람보다 혜택 받을 사람이 많다고 생각하는데 이 점에 대해서는 어떻게 생각하시나요?

반 대 책 23쪽에 나온 것처럼 지구 종말 시계는 11시 58분 20초가 되었습니다. 여기서 더 진행되면 지구가 위험하다고 생각해요. 지구가 위험한 상황에서 지금까지 과학 기술로 인해 혜택을 본 사람과 피해를 본 사람을 비교하는 건 무의미하다고 생각해요.

사회자 네, 찬성 측과 반대 측 모두 과학 기술이 좋은 점도 있지만 나쁜 점도 있다는 것에 동의하는 것 같습니다. 그러면 찬성과 반대 측을 둘 다 만족시킬 만한 방법이 있을까요?

찬 성 인류와 지구를 위험에 빠뜨릴 수 있는 기술은 개발을 덜 하고, 인류와 지구를 지킬 수 있는 기술을 더욱 개발하면 좋을 것 같습니다.

사회자 양측 모두 서로의 의견에 대해 어느 정도 동의하는 것 같아서 과학 기술을 발전시키는 것이 옳은 일인지 다시 한번 고민해보고 자신의 생각을 정리하는 글을 18줄 이상 써보도록 합니다.

집에서 시작하는 초등독서토론

《앗! 이런 발명가, 와! 저런 발명품》, 박주혜 글, 임혜경 그림, 뭉치, 2020.

다양한 발명 사례가 그림과 함께 제시되어 읽기 좋습니다. 또한 각 장마다 발명품을 잘못 사용한 사례나 《과학자가 가져야 할 덕목, 과학자 윤리와 책임》과 연결지어보세요. 그다음, 책의 핵심 질문인 '다이너마이트 피해는 노벨의 탓일까'라는 질문으로 아이와 함께 이야기를 나눈다면 생각을 더욱 확장할 수 있습니다.

《알고 보니 내 생활이 다 과학》, 김해보·정원선 글, 이창우 그림, 예림당, 2013.

일상생활 속에 무심코 지나친 것들이 과학과 관련 있다는 걸 알려주는 책입니다. 지식 정보책을 읽을 때는 신기한 점, 새롭게 알게 된 점을 스스로 정리하면서 읽는 것이 좋습니다. 집중력도 높여주고, 책을 읽은 뒤 독후감을 쓸 때도 유용합니다. 평소 호기심이 많거나 과학에 관심이 많은 친구라면 더 알고 싶은 점을 써 보는 것도 추천합니다.

클래식과 대중음악

《처음 만나는 클래식》
제네비브 헬스비 글, 제이슨 챕맨 그림, 임정은 옮김, 우리교육, 2010.

"클래식 음악은 정말 환상적이랍니다."

"음악이 있어야 우리가 더 많이 상상할 수 있기 때문이에요."

클래식 음악을 즐겨 듣나요? 즐겨 듣지 않더라도 우리 주변에서 클래식 음악이 다양하게 사용되기 때문에, 분명 몇몇 음악을 들으면 나도 모르게 흥얼거릴 거예요. 우리는 음악에 둘러싸여 살고 있습니다. 오랫동안 들어온 클래식 음악과 최근 많이 들리는 대중음악을 비교해 봅시다. 더 뛰어나다고 말할 수 있는 음악은 무엇일까요? 책에서 소개하는 클래식 음악과 자주 듣는 대중음악을 생각하며 토론해 봅시다.

낯설면서도 익숙한 클래식

이 책은 클래식과 가까워질 수 있도록 친숙한 소재의 음악부터 소개하기 시작합니다. 다양한 악기와 그 악기들이 활용되는 곳까지 소개합니다. 평소 귀 기울이지 않은 음악 작품을 충분히 즐기며 들어볼 수 있습니다.

작품을 들으면서 대중음악과의 공통점, 차이점을 생각해 보세요. 이후 토론할 때 도움이 됩니다. 음악의 흐름 뿐만 아니라 사용되는 악기, 만든 시기와 작곡가도 생각해 보세요. 담긴 가사의 내용도 이야기해 봅시다.

클래식 음악은 옛날에 만든 음악이지만, 사람들이 지금까지 사랑하는 데에는 이유가 있습니다. 평소에 활용하면서 음악과 더 친해질 수 있습니다. 음악을 감상하고 난 후 그 느낌을 이야기하고, 마음에 드는 곡은 어울리는 상황을 찾아보세요. 예를 들어 비 오는 날에 듣기 좋은 곡, 놀러 가기 전에 들으면 좋을 곡과 같이 정해봅시다. 실제 그 상황에 딱 어울리는 음악을 듣는다면 클래식에 더 친근한 마음을 갖게 될 거예요.

생각을 확장하는 핵심 질문

① 표지

- 앞표지와 뒤표지에서 어떤 악기가 보이나요?
- 알고 있는 클래식 작품을 이야기해 봅시다.
- 알고 있는 클래식 작곡가를 이야기해 봅시다.

② 이야기 속으로 들어가기

- 클래식 음악을 들어본 경험을 말해봅시다.
- 나도 우주에 간다면 어떤 음악을 듣고 싶나요?
- 어떤 춤이 아름답다고 생각하나요?
- 하이든과 멘델스존의 작품 중 어떤 작품이 더 마음에 드나요?
- 〈페르 귄트〉에 쓰인 음악을 듣기 전에 어떤 음악일지 상상해 보세요.
- 어떤 작곡가들이 유명해질까요?
- 모차르트처럼 능력을 기르기 위한 조기교육에 찬성하나요?
- 파가니니처럼 빠른 곡을 연주하는 게 음악을 잘 하는 것일까요?
- 옛날에는 많은 곡을 써도 어떻게 표절 심의에 걸리지 않을 수 있었을까요?
- 소리가 큰 악기는 소리가 작은 다른 악기와 어우러질 수 있을까요? 어떻게 연주하면 좋을까요?
- 클래식은 대중음악보다 뛰어날까요?

집에서 시작하는 초등독서토론

비경쟁 독서토론

사회자 '클래식은 대중음악보다 뛰어나다.'는 주제로 토론을 시작하겠습니다. 찬성과 반대로 나누어 의견에 대한 근거를 정리해보세요. 준비 시간은 15분입니다. 찬성부터 말해주세요.

찬 성 클래식은 대중음악보다 뛰어납니다. 첫째, 역사적으로 의미 있는 곡들이 많습니다. 처음으로 음악에 제목을 붙인 곡도 있고, 여러 가지 작곡 기법을 만들기도 했어요. 현대의 사람들이 음악을 만들 때에도 기초가 되는 작품이 클래식이에요. 둘째, 지금 들어도 좋은 곡이 많아요. 베토벤의 〈운명〉이나 비발디의 〈사계〉와 같은 유명한 곡은 자주 연주되고 영화나 광고 음악으로 쓰이며 지금까지도 사랑을 받는 작품이에요. 그래서 저는 클래식이 대중음악보다 뛰어나다고 생각해요.

반 대 클래식은 대중음악보다 뛰어나지 않아요. 첫째, 대중음악에도 명곡이 있어요. 〈아기 상어〉나 〈신호등〉 같은 노래들은 누구나 부를 수 있는 노래가 많아요. 둘째, 요즘 곡들에는 창의성이 보입니다. 이전의 작품들과는 다른 느낌으로 창작하여 다양한 장르가 나타나요. 그래서 저는 클래식이 대중음악보다 뛰어나진 않다고 생각해요.

사회자 서로 질의응답하겠습니다.

찬 성 반대 측은 어떤 음악이 뛰어나다고 생각하나요?

반 대 저는 뛰어난 음악이 따로 있다고 생각하지 않아요. 사람들에게 울림을 주는 음악 작품은 있을 거예요. 하지만 어떤 장르가 뛰어나다고 하기는 어려워요. 각 작품마다 의미가 있으니까요.

찬 성 그래도 음악의 근본이 되는 클래식 작품이 더 뛰어나지 않을 까요?

반 대 클래식 음악에 물론 좋은 작품이 많은 건 알지만, 그래도 클 래식 음악만 뛰어난 것은 아닙니다. 현대에도 명곡이라고 불 리는 작품들이 많습니다.

찬 성 요즘 대중음악에는 가사에 자극적인 내용이 많고, 심지어는 욕도 있어요. 이런 작품도 있는데 대중음악과 클래식을 비교 해도 대중음악이 괜찮다고 생각하나요?

반 대 가사에 담긴 내용은 표현의 자유라고 생각해요. 각자 표현하 고 싶은 걸 표현하는 거죠. 그게 비교의 기준이 되긴 어려울 것 같아요. 찬성 측은 클래식 음악이 모두 뛰어나다고 말할 수 있나요? 옛날에도 여러 작품이 있는데, 모두 듣기 좋은가 요?

찬 성 듣기 좋은 음악이 뛰어나다고 생각하지 않습니다. 당연히 클 래식 음악 모두가 사랑받는 것은 아니지만 그 작품들이 담고 있는 의미가 더 중요합니다.

사회자 지금까지 질의응답한 내용을 참고하여 자신의 의견을 글로 써 제안해 봅시다. 분량은 18줄 이상 써봅시다.

집에서 시작하는 초등독서토론

《신비로운 음악》, 미하우 리베라·미하우 멘딕 글, 알렉산드라 미지엘린스카 그림, 김영화 옮김, 풀빛, 2019.

　음악은 어떻게 시작되었을까요? 음악가가 어떤 방식으로 음악을 다루는지 봅시다. 다양한 관점으로 음악을 소개합니다. 5장에서 음악을 어떻게 정의하는 게 가장 와닿는지 이야기 나눠보세요. 그 부분에 나온 음악을 들으며 음악에 대한 정의를 포스터로 만드는 활동도 좋습니다.

《선생님, 건축이 뭐예요?》, 서윤영 글, 김규정 그림, 철수와영희, 2020.

　예술 분야 중 하나인 건축을 살펴봅시다. 건축이 무엇인지, 건축과 건축가에 대한 이야기를 쉽게 풀어쓴 글입니다. 우리 생활을 더 편리하게 하는 건축물들을 주변에서 찾아보고, 어떤 건축물이 있으면 더 안전하고 편한 미래를 만들 수 있을지 상상해 보세요.

토론으로
성장하는
초등 고학년

1.
고학년 시기의
발달 특성

토론을 즐기는 시기

초등학교 고학년 아이들은 설득에 재미를 느끼기 시작하면서 자신만의 논리를 만들어 갑니다. 논리적인 사고가 확장되는 시기로 논쟁을 즐기고 '토론' 자체를 좋아하며 크게 성장하는 시기입니다. 하지만 아직 주장에 대한 근거가 빈약한 경우가 많습니다. 논리적 허점이 있는 경우에도 논쟁에서 이기기 위해 자신의 주장을 굽히지 않는 경우도 있습니다. 다른 사람의 의견이 타당한 경우 받아들이는 자세를 키워주어야 하는 시기이기도 합니다.

사춘기가 시작되는 시기

사춘기가 시작되는 고학년은 부모님과의 대화가 크게 줄어듭니다. 부모님들은 아이가 처음으로 반항을 해서 놀라기도 하죠. 이때 부모님께서는 아이를 다그치거나 화만 낼 것이 아니라 그에 맞는 대화를 하는 것이 중요합니다. 평소에 자녀와 대화가 부족하고 어떤 대화를 나눌지 고민이라면 가정에서의 독서토론이 도움이 됩니다. 자연스럽게 부모님과 아이가 같은 책을 읽으며 공통의 이야깃거리를 찾아 대화의 물꼬를 트게 됩니다. 또 의견을 주고받으며 서로의 생각을 알게 되고 다양한 입장을 고려하여 올바른 가치관을 정립할 수 있습니다.

또한 이 시기에는 또래 관계를 중요하게 생각하며 이성에 눈을 뜹니다. 다른 사람에게 보여지는 자기 자신에 대해 신경을 쓰기 시작하며 자신에 대한 다른 사람의 평가를 늘 의식합니다. 그래서 외모, 옷차림 같은 외적인 부분에 관심이 커지게 됩니다. 이는 자연스러운 현상이지만 관심사가 한쪽으로만 치우칠 수 있기 때문에 독서를 통한 간접 경험으로 관심사를 넓히는 것이 중요합니다.

독서 격차가 커지는 시기

고학년 학생들은 자신의 취향을 만들어 갑니다. 그래서인지 독서를 즐기는 학생과 싫어하는 학생이 뚜렷해집니다. 책을 거들떠보지 않는 아이들이 있는가 하면 책에 푹 빠져드는 아이들도 있습니다.

독서를 좋아하고 즐기는 학생들은 200쪽 분량의 장편을 거뜬하게 읽고 중심 내용을 정확하게 파악하며 논리적인 토론이 가능한 수준에 오릅니다. 하지만 교사나 학부모의 권유에 따라 억지로 책을 읽는 학생들은 장편을 읽기 어려워하고 읽어도 중심 내용 파악에 어려움을 겪습니다. 이처럼 벌어진 독서 격차는 시간이 지남에 따라 문해력의 차이를 만듭니다. 문해력의 차이는 국어 과목은 물론 다른 과목의 성취도에도 영향을 끼치게 됩니다.

"승원이는 진짜 역덕이야. 다른 수업 때와는 완전히 달라!"

고학년 아이들에게서 종종 들을 수 있는 이야기입니다. 이 시기의 아이들은 자신이 좋아하는 것에 빠져들어 역사 덕후, 음악 덕후 등 소위 '덕후'의 세계로 입문하기도 합니다. 단순한 좋아함을 넘어 한 분야를 깊게 탐구하고 이에 요구되는 논리력과 이해력을 가지게 됩니다. 이러한 관심은 사회, 과학과 같은 교과 지식과도 연결되며 학습의 배경 지식 역할을 톡톡히 합니다.

높아진 이해력과 전문적 지식에 대한 욕구를 토대로 아이들의 책장에는 비문학 책이 늘어갑니다. 그만큼 어려운 어휘와 개념을 이해하고 모르는 단어도 문맥을 통해 유추할 수 있습니다. 독서를 하며 어렵게 느낄 수 있는 교과 지식을 조금 더 쉽게 습득하기도 하고 장편을 읽으며 독서에 대한 성취감도 높아집니다. 이 시기의 인지적 발달은 아이들의 주도적 학습에 큰 영향을 미치고 이때의 공부 습관은 평생 공부의 기초가 됩니다.

2.
고학년
토론 방법

사회적 쟁점 다루기

　고학년은 '나'와 일상의 이야기에서 '사회'로 세계가 확장됩니다. 사회적 사건이 개인에게 영향을 줄 수 있다는 것을 알게 되죠. 사회적 쟁점을 주제로 토론하다 보면 사회를 바라보는 시야가 넓어집니다.

　이런 토론을 하기 위해서는 사회적인 쟁점을 이해하는 선행작업이 필요합니다. 성급하게 토론으로 들어가지 않고 사회적으로 뜨거운 감자가 무엇인지 내용을 충분히 이해하고 긍정적인 측면과 부정적인 측면을 부모와 함께 논의하는 과정이 필요합니다. 이 과정은 토론 전에 꼭 이루어져야 하는 중요한 과정이며 학생이 어려워한다면 부모님의 도움이 필요합니다. 충분히 쟁점을 탐색했다면 자녀가 다른 이의 간섭 없이 자신의 견해를 스스로 정할 수 있도록 합니다. 스스로 입장을 정하고 근거를 찾으면서 올바른 가치관을 정립하게 지지해 주세요.

타당한 근거 세우기

고학년 독서토론에서 가장 두드러지는 것은 타당한 근거 세우기입니다. 토론을 설득하는 말하기로 본다면 논리적이고 타당한 근거로 상대방을 설득할 수 있어야 하죠. 아이들은 상대방을 설득시켰을 때 야구에서 홈런을 친 것처럼 커다란 희열을 느끼기도 합니다. 하지만 사회적 쟁점과 같은 어려운 논제에 관한 논리적인 근거는 찾기 어렵기 때문에 부모님께서 도와주는 것도 좋습니다.

그리고 독서토론인 만큼 자신이 사용할 수 있는 근거를 책에서 찾게 하는 것이 좋습니다. 문학 작품이라면 인물의 말과 행동을 따라가 보는 것이 유용합니다. 비문학 작품이라면 근거로 활용할 수 있는 문장을 찾고 거기에 자신의 생각을 보태 보세요. 또 경험에 기초한 근거나 사례를 제시할 수도 있고 인터넷 검색을 통해 뒷받침하는 근거를 탐색하는 것도 좋은 방법입니다.

토론할 때 부모님의 역할

가정에서 이루어지는 독서토론에서는 부모님이 좋은 질문을 제시하는 중요한 역할을 담당해 주세요. 아이가 의견을 제시했다고 해서 무조건 수용하지 마세요. '악마의 대변인'이라는 말을 들어보셨나요? 일부러 반대 입장을 취하여 다른 대안을 생각할 수 있게 하는 방법인데, 이 방법을 통해 아이들은 사고를 확장할 수 있습니다. 사전에 아이의 답변을 예상하고 질문과 반론을 준비하시는 걸 추천합니다. 주의할 점은 '악마의 대변인'이라고 해서 무조건 반대만 하라는 것은 아닙니다. 아이의 말이 논리적으로 옳다면 인정하고 수용하는 태도를 보여주며

모범을 보이는 것도 중요합니다. 아이들도 타인의 의견을 수용할 수 있도록 말이죠.

하나 더 알려드리고 싶은 점은 토론임을 잊지 말라는 것입니다. 의견과 근거를 나누는 장을 부모님이 자녀에게 잔소리하는 시간으로 사용하지 마세요. 부모님도 아이도 토론의 참여자로 존중하며 활동해 보세요.

두 가지 이상의 근거를 들어 주장하는 글쓰기

국어과에서 토론의 개념이 처음 도입되는 시기가 바로 초등 고학년입니다. 단순히 자신의 생각을 문장으로 표현하거나 주장의 타당성을 판단하는 것을 넘어 토론 논제를 파악하고 이에 대한 근거를 들어 타당한 주장을 펼칠 수 있어야 합니다.

5~6학년군 국어과 성취기준에 따르면 ('[6국 03-04] 적절한 근거와 알맞은 표현을 사용하여 주장하는 글을 쓴다.')고 되어 있습니다. 5~6학년 아이들은 토론을 위해 입안문(토론 전 자신의 주장을 드러낸 글)을 쓰거나 토론이 끝난 후 토론 내용을 토대로 주장하는 글을 씁니다. 고학년 수준의 글쓰기는 20줄 이상, 세 가지 근거를 들면 훌륭합니다. 글을 쓸 때는 주장이 논제에서 벗어나지는 않는지, 구체적인 자료나 실제 사례를 이용해 설득력 있는 근거를 들고 있는지를 생각해 봅니다.

그림을 보는 안목을 길러요

《 역사와 미술이 재밌어지는 김홍도 갤러리 》
이광표 글, 채원경 그림, 그린북, 2012.

조선 시대의 화가 하면 누가 가장 먼저 떠오르나요?
조선 시대 최고의 풍속화가로 불리는 김홍도를 만나러 가요!
김홍도의 그림이 전시되어 있는 김홍도 갤러리로 들어가 보아요!

우리에게 가장 유명한 조선시대 화가는 김홍도입니다. 김홍도의 그림하면 대표적으로 〈씨름〉, 〈서당〉 같은 풍속화가 떠오릅니다. 그 그림을 자세히 살펴본 적 있나요? 아이들에게 김홍도의 가장 유명한 그림이 무엇인지 알려주기보다 이 책에 나오는 그림을 한 점 한 점 감상하면서 마음에 드는 그림을 고르도록 해봅시다. 우리 조상들의 생활에 가까이 다가가고 우리 그림을 보는 예술적 감각도 기를 수 있을 거예요.

질문을 통해 그림을 보는 안목 높이기

김홍도의 그림 중 최고는 무엇일까요? 이런 질문을 받으면 아이들은 그에 대한 정답을 찾으려고 합니다. 많은 사람들이 그의 대표적인 풍속화인 〈씨름〉 또는 〈서당〉을 고를 수 있겠지만 그것이 '정답'은 아닙니다. 나에게 최고인 그림을 고르면 되지만, 왜 그 그림이 최고인지 다른 사람을 설득하기 위해서는 논리적인 근거와 기준이 필요합니다.

그리고 그 근거는 그림에서 찾아야 합니다. 그림을 자세히 살펴봐야 하지요. 그림 감상에 익숙하지 않은 학생들이 많습니다. 초등학생의 그림 감상에는 질문을 활용하면 좋습니다. 그림에 바로 보이는 것을 찾아보는 가벼운 질문에서 시작하여 그림 속 인물의 생각이나 말을 상상해보는 등 자신의 해석을 곁들인 질문으로 나아가면 그림을 재미있고 자세히 감상할 수 있습니다.

그리고 독서토론에서는 내가 아닌 정조대왕이 가장 좋아할 그림을 골라보도록 합니다. 시대적 상황을 고려하고 왕의 시각이라는 새로운 기준을 통해 역사적 탐구력, 미술적 안목, 논리력을 기를 수 있습니다.

생각을 확장하는 핵심 질문

① 표지

- 김홍도라는 화가를 알고 있나요? 알고 있다면 어떤 그림이 떠오르나요? 또 어떤 점에 대해 알고 있나요?
- 표지에 나오는 김홍도의 그림 속 인물들이 무엇을 하는 것 같나요?
- 표지에 나오는 그림 속 인물 중 가장 마음에 드는 인물을 골라보세요. 고른 이유는 무엇인가요?

② 그림 속으로 들어가기

- 내가 요즘 사람들의 일상생활이 담긴 풍속화를 그린다면 어떤 모습 또는 어떤 물건을 그리면 좋을까요?
- "모두 보자마자 껄껄 웃을 만한 그림을 그려라."라는 시험을 본다면 나는 어떤 그림을 그릴 건가요?
- 1장을 읽고 김홍도에 대해 잘 알게 되었나요? 김홍도를 한 마디로 나타낸다면? 그렇게 표현한 이유는 무엇인가요?
- 그림 속 사람들은 무엇을 하고 있나요?
- 그림 속 인물이 할 것 같은 말을 상상해보세요.
- 그림에 나오는 물건을 하나 골라보세요. 옛날 사람들은 이 물건을 어디에, 어떻게 사용했을까요?
- 그림을 현재와 비교했을 때, 요즘 사람들의 생활 모습과 어떤 점이 비슷한가요? 또 차이점은 무엇인가요?

비경쟁 독서토론

사회자 김홍도의 풍속화가 서민들의 생활 모습을 그려 정조대왕에게 보고하기 위한 그림이었을 거라는 추측이 있습니다. 그렇다면 '정조대왕은 김홍도가 그린 풍속화 중 어떤 그림을 가장 좋아했을까'를 주제로 토론을 시작하겠습니다. 왜 정조대왕이 그 그림을 좋아했을지에 대한 근거를 생각해 보세요.

자녀 1 저는 정조대왕이 〈타작〉을 가장 좋아했을 것이라고 생각해요. 조선시대는 농업 사회였어요. 〈타작〉에는 가을에 낟알을 떨어내는 모습이 담겨 있는데, 임금으로서 백성들이 농사를 잘 짓고 수확하는 모습을 기뻐했을 것 같아요. 그리고 〈타작〉에는 일꾼들과 지주의 행동을 대비적으로 표현하고 있어요. 그래서 정조대왕이 신분에 따른 백성들의 생활 모습을 알 수 있어서 좋아했을 것 같아요.

자녀 2 저는 정조대왕이 〈씨름〉을 가장 좋아했을 것이라고 생각해요. 왜냐하면 요즘 사람들은 올림픽이나 월드컵 같은 스포츠 경기를 즐겨요. 마찬가지로 정조대왕도 씨름하는 장면이 사실적으로 묘사된 〈씨름〉을 재미있게 보았을 거예요. 이 그림을 보여준 김홍도에게 이 씨름 경기가 어떻게 되었을지 물어보지 않았을까요?

자녀 3 정조대왕은 〈빨래터〉를 가장 좋아했을 거예요. 그 이유는 여성들이 빨래하는 모습은 정조대왕이 실제로 가장 보기 어려운 모습이기 때문이에요. 왕은 직접 빨래를 할 일이 없고, 또 옛날에는 성별에 따른 구별이 심했기 때문에 남자인 정조대왕이 여성들이 일하는 모습을 보기 어려웠을 거예요. 그래서 가장 새롭고 신기한 이 그림을 좋아하지 않았을까요?

사회자 당시 사회적 분위기나 조선시대의 생활 모습을 생각하며 근거를 잘 들었어요. 그럼 이번에는 왜 그 그림이 가장 훌륭하다고 생각하는지 근거를 이야기해 봅시다. 그림이 마음에 드는 이유 또는 그림의 표현에서 멋지다고 생각한 점이 있다면 얘기해주세요.

자녀 1 〈타작〉은 일하는 사람들의 모습이 사실적으로 표현되어 있는 그림이에요. 일하다가 더워서인지 옷을 벗은 모습이 공감되어요. 또 일꾼들은 열심히 일하고 있는데 혼자 누워 있는 지주가 얄밉기도 하지만 부러워서 재미있었어요.

자녀 2 〈씨름〉이 가장 유명한 데는 이유가 있어요. 이 그림에는 씨름 선수와 구경꾼들의 표정이 다 달라 이 사람이 어떤 마음일지 상상해보며 보는 재미가 있어요.

자녀 3 〈빨래터〉는 여인들이 빨래하는 모습을 훔쳐보는 선비가 있어서 재미있어요. 부채로 얼굴을 가린 모습이 웃겼어요.

《빼앗긴 문화재에도 봄은 오는가》, 서해경 글, 이선주 그림, 풀빛미디어, 2015.

이 책은 우리가 잊지 말아야 할 가치 있는 문화재를 소개합니다. 문화재는 사람들의 삶과 역사가 담긴 물건이에요. 그렇기 때문에 외국에 유출된 문화재에 관심을 가지고 제대로 아는 것은 중요합니다. 외국에 있는 우리나라 문화재를 돌려달라는 편지를 써보며 그 문화재에 담긴 가치와 이야기를 알고 역사적 인식을 가질 수 있습니다.

《그림이 말을 거는 생각 미술관》, 박영대 글, 김용연 그림, 길벗어린이, 2009.

김홍도의 그림을 통해 우리의 그림에 관심이 생겼다면, 이번에는 미술을 감상하는 재미에 빠져볼까요? 이 책은 어렵게만 느껴지는 현대 미술 작품을 알기 쉽고 재미있게 감상하는 방법을 소개합니다. 안내자인 '이젤'을 따라 '하늘색 상상창고'에서 무제 작품에 나만의 제목을 지어보세요. '흰눈색 안경점'에서 똑같은 대상을 보고도 다른 그림이 나올 수 있다는 것을 경험하고 나라면 어떻게 나타낼지 생각해 봅시다.

축구공을 지켜라

《꼴뚜기》
진형민 글, 조미자 그림, 창비, 2013.

'그럼 나보고 어쩌란 말이냐? 딴 사람도 아니고

노범재 말을 그냥 씹으라는 거냐?

그러다가 찍히면 뎅뎅뎅 인생 종 치는 건 시간문제인데도?'

고학년 아이들과 지내다 보면 아이들이 선생님, 부모님보다 한두 살 차이나는 상급생을 더 무서워하고 어려워하는 걸 볼 수 있어요. 아이들 눈에는 상급생이 단순히 상급생이라는 이유로 힘과 권력을 가진 것처럼 보이기 때문이겠죠. 학창 시절 상급생과의 갈등은 아이들 학교생활 전반과 추후 교우관계에까지 큰 영향을 끼칩니다. 갈등을 어떤 방법으로 해결하면 좋을까요? 《꼴뚜기-축구공을 지켜라》를 읽으면서 어떤 선택이 현명한지 생각해 봅시다.

내 의견을 뒷받침하는 이유 찾기

5학년 길이찬은 새 축구공이 생겨 아주 기뻤어요. 6학년 쌈짱 노범재가 축구공에 눈독을 들이기 전까지는요. 노범재는 길이찬의 공을 마치 자기 공처럼 계속 사용합니다. 이러지도 저러지도 못하는 길이찬에게 같은 반 친구들이 다양한 방법을 제안해줍니다.

인물들이 이야기하는 장면을 꼼꼼히 읽고 인물이 제시한 해결 방법을 찾고 장단점을 정리합니다. 길이찬이 노범재와의 갈등 상황에서 어떻게 행동해야 할지 가장 좋은 방법을 선택해 보고 이유를 마련해 봅시다. 선택한 방법으로 충분하지 않다면 여러 방법을 조합하여 나만의 방법을 만들어보는 것도 좋습니다.

동화집 《꼴뚜기》는 초등학교 고학년 친구들이 겪을 수 있는 일상을 다루고 있어 아이들이 공감할 부분이 많은 책입니다. 책에 실린 다른 이야기도 읽고 아이들과 이야기 나누어보세요.

① 제목과 삽화

- '축구공을 지켜라'라는 제목을 보고 내용을 예상해 볼까요?
- 공놀이를 하는 아이들과 공을 보고 있는 아이들의 표정을 비교해 볼까요?
- 그림 속 인물들은 어떤 관계일까요?

② 이야기 속으로 들어가기

- 길이찬과 구주호의 반응을 보고 노범재의 성격과 그동안의 행동을 예상해 볼까요?
- 여러분은 상급생에게 억울한 일을 당한 경험이 있나요?
- 목구멍 안쪽이 핫핫해지는 건 어떤 마음일까요?
- 길이찬은 자블라니에게 감정이입을 하고 있어요. 감정이입하고 있는 문장을 2~3개 찾아볼까요?
- 박용주가 제안한 것처럼 시키는 대로 하면 노범재는 어떻게 반응할까요?
- 김소정이 제안한 방법을 듣고 길이찬이 망설이는 이유는 무엇일까요?
- 오선재가 제안한 방법을 한 단어로 표현해 볼까요?
- 홍지영이 힘에는 힘으로 맞서는 방법을 제안한 이유는 무엇일까요?
- 길이찬은 왜 노범재와 똑같은 행동을 했을까요?

비경쟁 독서토론

사회자 인물들이 제안한 방법의 장점을 찾아 이야기해 봅시다.

자녀 1 노범재가 시키는 대로 공을 빌려주면 노범재에게 맞거나 괴롭힘을 당하지 않을 수 있어요. 시키는 대로 하지 않았다고 보복당할 위험도 없고요.

자녀 2 다른 학교 쌈짱에게 부탁하면 노범재가 힘에 밀려 말을 듣고 축구공을 돌려줄 거예요. 길이찬이 직접 노력하지 않아도 문제가 해결될 수 있어요.

사회자 현실에서는 여러 가지 방법을 사용할 수 있습니다. 방법의 장단점을 함께 고려하여 먼저 사용할 방법과 두 번째로 사용할 방법을 정리해 봅시다. 의견에 대한 근거도 마련해 주세요. 시간은 20분입니다. 이제 시간이 되었습니다. 말씀해 주세요.

자녀 1 처음에는 시키는 대로 공을 빌려줄 거예요. 축구공이 망가지는 건 슬프지만 괴롭힘을 당하는 것보다 안전한 방법이고 보복을 걱정하지 않아도 돼요. 축구공에 관심이 없어질 때까지 기다리면 축구공을 되찾을 수도 있고요. 하지만 길이찬을 만만한 아이라고 여겨 더 큰 요구를 할 수 있다는 단점이 있어요. 그래서 두 번째로는 노범재에게 가서 말로 따질 겁니다. 근거를 들어 논리적으로 설득하고 억울한 감정을 표현한다면 들어줄 수도 있어요. 다른 방법보다 문제를 평화적으로 해결할 수 있다는 장점도 있고요.

자녀 2 처음에는 선생님이나 어른에게 알릴 겁니다. 어른의 말이니까 길이찬이 말할 때보다 노범재가 더 잘 따를 것이고, 그러면 축구공을 빠르게 돌려받을 수 있어요. 또 교칙에 따라 벌을 줄 수도 있겠지요. 하지만 어른이 없는 곳에서 더 큰 보복이 생길 수 있다는 단점이 있어요. 그래서 두 번째로는 중학교 쌈짱에게 도움을 요청할 겁니다. 보복을 한다면 노범재도 위험에 처할 수 있다는 것을 알릴 거예요. 노범재가 힘으로 빼앗아갔으므로 더 센 힘을 보여주는 게 효과적일 거 같아요.

사회자 서로 질의응답하겠습니다.

자녀 1 중학교 쌈짱에게 도움을 요청하면 그 대가로 길이찬에게 무엇인가 요구할 수 있어요. 그럴 때 어떻게 하실 건가요?

자녀 2 중학교 쌈짱이 홍지영의 사촌과 친한 사이라 도와준 것이므로 무리한 요구는 없을 것입니다. 만약 있다면 사촌에게 부탁해 같이 설득해 봅니다.

자녀 2 허락도 없이 공을 가져간 노범재의 성격으로 짐작했을 때, 학년이 낮은 길이찬이 말로 설득한다고 해도 효과가 없지 않을까요?

자녀 1 만약, 따지거나 설득해도 통하지 않는다면 그때 선생님이나 어른에게 도움을 요청하는 것을 세 번째 방법으로 고르겠습니다. 우리보다 문제 해결 경험이 많은 어른의 도움을 받으면 쉽게 해결될 수 있을 것입니다.

사회자 장단점과 질의 응답한 내용을 참고하여 내가 선택할 방법을 골라봅시다. 근거가 잘 드러나도록 자신의 의견을 글로 18줄 이상 제안하는 글을 써봅시다.

《소리 질러, 운동장》, 진형민 글, 이한솔 그림, 창비, 2015.

야구 모자와 맨주먹만으로 야구에 몰입하는 막야구부가 있어요. 야구부 감독님의 작전으로 열아홉 조각의 땅만 얻었는데요. 야구부 아이들은 어떻게 할까요? 8장까지 읽고 내가 막야구부라면 어떻게 운동장을 늘릴지 방법을 생각해 봅시다.

《연의 편지》, 조현아 글·그림, 손봄북스, 2019.

웹툰이 원작으로 학교 폭력 후유증으로 힘들어하는 소리가 숨겨진 편지를 발견하며 치유해나가는 과정을 담았어요. 학교 폭력 과정에서 방관자가 아닌 보호자가 될 수 있는 용기를 기를 수 있습니다.

공약의 무게를 아는 자

《 딸기 우유 공약 》
문경민 글, 허구 그림, 주니어김영사, 2019.

"우유 먹는 시간은 즐거워야 합니다.

억지로 먹어야 하는 우유 때문에 스트레스를 받은 적이 있다면!

기호 3번! 최나현 후보를 지지해주세요!

여러분의 우유 선택권, 반드시 찾아드리겠습니다!"

자녀에게 학교의 각종 선거가 어떻게 이루어지는지 질문해 보세요. 후보자는 어떤 공약을 내세우고, 투표자는 어떤 기준으로 투표하는지요. 초등학교에서 이루어지는 선거는 자칫 인기 투표가 될 가능성이 높습니다. 아이들이 선거에 참여한 경험이 적으니까요. 하지만 민주주의에서 현명한 선거는 매우 중요하므로 대표를 잘 뽑을 수 있는 안목을 일찍부터 길러야 합니다. 후보자는 어떤 공약을 내세우고 투표자는 어떤 기준으로 선택할지 고민하는 과정에서 현명한 선거에 한 걸음 다가갈 수 있을 거예요.

선거 공약은 이래야 해요!

나현이는 얼떨결에 전교회장 선거에서 학교 우유 급식을 자신이 가장 좋아하는 딸기 우유로 바꾸겠다는 공약을 내걸게 됩니다. 친구들에게 떠밀려 입 밖으로 낸 철없는 공약이었지만 나현이는 선거 운동을 하며 딸기 우유 공약이 학생의 권리를 보장하는 첫 시작이라고 여깁니다. 그러다 엄마와의 대화를 통해 공약의 타당성과 실천 가능성을 염두에 두고 딸기 우유 공약이 아닌 우유 선택권으로 공약을 바꾸게 되죠.

여러분은 우유 선택권에 대해 어떻게 생각하나요? 주인공의 선거 공약에 대해 토론하며 타당한 공약의 요건을 생각해 보세요. 자신이 후보자가 될 경우라면 공약 선정에 심혈을 기울이게 되겠죠. 또한 주인공의 주장이 정말 타당하고 실천 가능한지 토론한다면 유명하거나 영향력 있는 사람의 의견이라고 해서 무조건 수용하지 않는 비판적 사고력도 함께 기를 수 있는 것이지요.

생각을 확장하는 핵심 질문

① 표지

- 딸기 우유를 좋아하나요?
- 여러분이 참여한 선거 중 기억에 남는 후보자가 있나요?
- 그 후보자의 공약은 무엇이었나요?
- 딸기 우유 공약은 어떤 내용의 공약일까요?
- 선거가 공정하게 이루어지지 않은 적이 있나요? 왜 그랬나요?

② 이야기 속으로 들어가기

- 나에게 딸기 우유 같은 존재는 무엇인가요?
- 나현이네 학교 전교회장 선거운동 방법 중에 왜 선거 공약을 하나만 내세워야 한다는 내용이 있을까요?
- 덕주는 나현이의 선거 운동을 왜 도와줄까요?
- 문 앞에 놓인 딸기처럼 부모님께 감동받은 적이 있나요? 언제인가요?
- 투표할 때 후보자의 성별이 큰 영향을 끼치나요? 그런 경험을 한 적이 있다면 설명해 보세요.
- 선거 공약 토론회에 참석한다면 각 후보자에게 어떤 질문을 하고 싶나요?
- 시은이가 내세운 공약의 장단점은 무엇일까요?
- 시은이는 어떤 잘못을 저질렀을까요? 구체적으로 두세 가지 이야기해 봅시다.
- 여러분이 나현이라면 우유 선택권 공약을 어떻게 실천할 것 같나요?

사회자   학생에게 급식 우유의 종류를 선택할 수 있도록 한 우유 선택권 공약에 대해 어떻게 생각하나요? 타당한 공약이라고 생각하나요? 선거 공약의 요건에 대해 생각하며 토론해 봅시다.

찬 성   저는 우유 선택권 공약이 타당한 공약이라고 생각합니다. 우유 선택권 공약은 모두를 위한 공약이기 때문이에요. 나현이가 처음 내세운 딸기 우유 공약은 딸기 우유를 좋아하는 학생에게만 좋은 공약이었어요. 실제 선거에서도 이런 공약들이 보이는데 그 공약을 통해 이익이 생긴 친구들만 열광합니다. 나현이는 이를 깨닫고 모든 아이들을 위해 스스로 우유 종류를 선택할 수 있는 공약으로 변경했어요.

반 대   저는 타당하지 않다고 생각해요. 모든 학생들이 각자 자신이 먹고 싶은 우유를 선택한다면 우유 급식에 굉장히 많은 비용과 노동력이 필요할 거예요. 유라가 우유 배달을 하는 아빠를 걱정해 나현이의 선거 운동에 동참하지 않은 것으로도 짐작할 수 있어요. 이러한 공약은 현실성이 없어 실제로 지켜지기가 어렵죠.

사회자   네. 지금부터는 공약의 요건 외의 다양한 근거를 들어 토론해 볼게요. 필요하면 조사를 해도 좋습니다.

찬 성   모두들 싫어하는 음식이 하나쯤은 있을 거예요. 흰 우유의 비릿함을 싫어하는 학생들도 분명 있어요. 우유 선택권이 생긴다면 싫어하는 음식을 먹을 때 받는 스트레스를 줄일 수 있어요.

반 대   학교 우유 급식은 학생들에게 부족한 영양소를 공급하기 위해 실시되고 있어요. 가공 우유에는 색소나 설탕 같은 첨가물이 많이 들어있어요. 영양성분을 살펴보면 흰 우유의 영양소 함유량이 월등해요. 우유 급식의 목적에 맞지 않아요.

사회자 서로 질의응답하는 시간을 갖겠습니다.

찬 성 기호에 따라 영양가를 중시하는 학생은 흰 우유를, 먹는 즐거움을 원하는 학생은 가공 우유를 먹으면 되지 않나요?

반 대 기호에 따라 선택하는 것은 집에서 하면 됩니다. 영양소를 공급하기 위한 목적으로 우유 급식을 하는 것인데 첨가 우유를 선택하도록 하는 것은 타당하지 않아요. 흰 우유를 싫어하는 학생들은 아예 신청을 안 하면 되지 않나요?

찬 성 흰 우유의 영양소 함유량이 월등하다고는 하지만 가공 우유 또한 학생들에게 유익한 영양소를 가지고 있어요. 선택의 폭이 넓어져 우유를 마시는 학생이 늘어난다면 우유 급식의 목표에도 부합하죠.

사회자 좋아요. 토론을 통해 공약의 중요성을 깨달았길 바라요. 여러분이 나현이라면 어떤 공약을 내걸지 생각해볼까요?

집에서 시작하는 초등독서토론

《잘못 뽑은 반장》, 이은재 글, 서영경 그림, 주니어김영사, 2009.

자신을 무시하는 친구들의 코를 납작하게 만들기 위해 반장 선거에 출마한 말썽꾸러기가 얼떨결에 반장이 되고 맙니다. 주인공은 진짜 반장 노릇을 하기 위해 노력해 보지만 생각보다 쉽지만은 않습니다. 책을 읽고 실제로 자신이 겪은 반장은 어떤 역할을 했는지 떠올려보고 내가 생각하는 반장의 역할에 대해 이야기 나눠볼 수 있습니다.

《비밀 투표와 수상한 후보들》, 서해경 글, 이경석 그림, 키큰도토리, 2017.

시장 보궐선거를 앞두고 후보자들의 수상한 점이 밝혀집니다. 이야기를 통해서 후보자 등록부터 선거 전날에 이르기까지 일련의 선거 과정을 살펴볼 수 있습니다. 책을 통해 나와 상관없을 것 같은 선거가 우리 삶에 어떤 영향을 미치는지 생각해 보세요. 투표 의무제에 대해 토론하거나 나라면 어떤 후보자에게 투표할지 이야기해 보는 활동을 할 수 있습니다.

나를 찾는 특별한 여행

《불량한 자전거 여행》
김남중 글, 허태준 그림, 창비, 2009.

"삼촌, 이런 거 하면 돈 많이 벌어?" "아니."
"그럼 왜 해?" "하고 싶어서."
"사람은 하고 싶은 것만 하고 살 수 없잖아."

학업 경쟁이 치열한 우리나라에서 부모와 자녀 사이에 '공부'는 굉장히 중요한 주제입니다 이 책을 읽고 계신 부모님께서도 자녀에게 공부하라는 이야기를 종종 하시지 않나요? 그렇다면 우리 아이가 공부하는 이유는 무엇일까요? 목적지가 없이 그저 달리고만 있지 않은지 고민해볼 필요가 있습니다. 아이들이 《불량한 자전거 여행》을 읽으면서 나를 찾는 특별한 여행이 되길 바랍니다.

소크라테스처럼 대화하며 진정한 '나'를 찾아가기

엄마, 아빠의 싸움으로 호진이는 가출을 결심하고, 변변한 직업 하나 없는 삼촌을 따라 자전거 여행을 하게 됩니다. 하고 싶어서 자전거 여행을 한다는 삼촌과 하고 싶은 것만 하고 살 수 없다는 엄마의 말을 생각하며 호진이는 고민합니다.

내가 하고 싶은 것만 하고 살면 안 될까요? 호진이처럼 공부가 하기 싫다는 아이도 선뜻 그래도 된다는 답을 하기는 어렵습니다. 하고 싶은 것과 해야 하는 것 중에 어떤 걸 우선해야 할지 토론을 해봅시다. 이를 통해 다양한 생각을 가진 아이들이 서로의 입장을 이해하게 됩니다.

토론이 끝나면 더 본질적인 질문이 떠오릅니다. 내가 정말 원하고 좋아하는 것은 무엇인가요? 나는 어떤 사람이 되고 싶나요? 호진이가 자전거를 타며 싸우는 대상이 다른 사람도 아니고 산도 아닌 나라는 것을 깨달은 것처럼 이 질문의 답은 스스로 깨닫고 찾아야 합니다.

소크라테스가 사람들에게 지식을 직접 가르치지 않고 문답을 통해 스스로 진리를 발견하게 한 것처럼 부모님께서도 자녀가 '나'에 대한 답을 찾을 수 있도록 관심을 가지고 질문해주시면 어떨까요?

생각을 확장하는 핵심 질문

① 표지

- 표지의 인물(신호진)은 자전거를 타고 어디에 가는 걸까요?
- 제목은 왜 '불량한 자전거 여행'일까요?
- 불량한 여행이란 무슨 의미일까요?

② 이야기 속으로 들어가기

- 호진이처럼 학원 또는 학교에 가기 싫은 적이 있나요? 그 이유는 무엇이었나요?
- 부모님의 이혼은 엄마 아빠만의 문제일까요? 나도 함께 해결해야 할 문제일까요?
- 삼촌은 왜 호진이에게 자전거를 타라고 했을까요?
- 삼촌이 결혼도 취직도 하지 않고 이렇게 사는 이유가 무엇일까요?
- 도둑질을 했으니 벌을 받아야 한다고 생각하는 호진이와 영규 아저씨에게 기회를 준 삼촌, 나라면 어떤 선택을 할까요? 그 이유는 무엇인가요?
- 내가 좋아하고 잘하는 것은 무엇인가요?
- 나도 뭔가를 잘하고 싶다고 생각해본 적이 있나요?
- 호진이네 가족의 자전거 여행은 앞으로 어떻게 될까요?
- 이 자전거 여행이 끝나면 호진이네 가족은 어떤 모습으로 바뀌게 될 것 같나요?

사회자 '삼촌'은 하고 싶은 일을 하고 살지만, 사회 부적응자 취급을 받으며 직업, 돈, 가족도 없는 인물입니다. 반대로 하고 싶은 일은 아니지만 해야 할 일을 하며 행복한 삶을 사는 사람들도 많습니다. 그렇다면 '내가 하고 싶은 것과 내가 해야 하는 것 중 무엇을 우선해야 할까'를 주제로 토론을 시작하겠습니다.

찬 성 내가 하고 싶은 것을 더 우선해야 해요. 책에서도 삼촌은 자전거를 타며 행복해 보이지만, 아빠는 집에서는 잠만 자고 결국 회사에서 쫓겨났어요.

반 대 내가 하고 싶은 것이 중요하지만, 그래도 내가 해야 하는 것을 우선해야 한다고 생각해요. 삼촌도 자전거를 타기 위해 짜장면 가게를 운영하잖아요.

사회자 그럼 왜 그런지 각각 근거를 2가지 이상 생각해보고 이야기 해봅시다. 찬성 편부터 말씀해 주세요.

찬 성 저는 내가 하고 싶은 것을 더 우선해야 한다고 생각해요. 그 이유는 내가 하고 싶은 것을 해야 행복하게 살 수 있기 때문이에요. 또 내가 좋아하는 것은 자발적으로 열심히 할 수 있기 때문에 결국 내가 잘하는 일이 된다고 생각해요. 그럼 그 일로 직업을 가져 꿈을 이룰 수 있어요.

반 대 저는 해야 하는 것을 더 우선해야 한다고 생각해요. 왜냐하면 학교나 사회는 여럿이 함께 하는 곳이기 때문에 다 같이 지켜야 하는 규칙이 있는데, 내가 하고 싶은 것만 하면 규칙이 무너질 수 있어요. 그리고 제 친구들한테 하고 싶은 것을 물어보면 다 노는 거라고 할 것 같은데, 내가 해야 하는 일을 먼저 끝 낸 다음에 놀 때 더 재미있게 놀 수 있어요.

사회자 잘 들었어요. 그럼 서로 질의응답하겠습니다.

찬 성 내가 하고 싶은 것만 하면 규칙이 무너질 수 있다고 했는데, 다른 사람들에게 심각한 피해를 줄 정도의 사람은 범죄자이 지 일반적인 상황은 아니에요. 오히려 삼촌은 자전거를 타며 다른 사람을 이끄는 멋진 리더가 아닌가요?

반 대 하지만 엄마 아빠는 삼촌을 사회 부적응자라고 불렀잖아요. 자전거 카페 안에서는 리더일지 몰라도 호진이도 평소 삼촌의 모습을 이상하게 생각했어요. 저도 질문하겠습니다. 내가 좋 아하는 일로 직업을 가지면 된다고 했는데, 모든 일이 다 직업 이 될 수는 없지 않나요? 그리고 하고 싶은 일만 하다가 돈이 없어서 다른 일을 못 하면 불행해지는 것이 아닌가요?

찬 성 돈을 적게 벌어도 좋아하는 일을 하는 것이 돈만 많은 것보단 행복할 거라고 생각해요. 그리고 할 수 있는 일은 많으니 내가 좋아하는 일과 관련된 직업을 찾으면 돼요.

사회자 질문과 대답을 통해 나와 다른 생각을 이해할 수 있는 시간 이었길 바라요. 이야기 나눈 것을 바탕으로 내 생각을 최종적 으로 정리해 글로 써봅시다.

집에서 시작하는 초등독서토론

《열두 살 장래 희망》, 박성우 글, 홍그림 그림, 창비, 2021.

어떤 장래 희망을 가져야 할까요? 이 책은 '직업'이 아니라 '꿈'에 초점을 맞추어 33개의 장래 희망을 소개합니다. '취미가 여러 가지인 사람', '비밀을 잘 지키는 사람'처럼 나는 어떤 사람이 되고 싶은지 생각해보고 행복한 미래를 꿈꿔보세요.

《희소의 취재 수첩》, 문미영 글, 원유미 그림, 북멘토, 2021.

미래의 기자를 꿈꾸는 희소는 블로그에 기사를 올리는데, 이 기사로 뜻하지 않게 피해를 입는 친구가 생기게 됩니다. 직업을 선택할 때는 하는 일뿐 아니라 그 직업의 '가치'까지 고민해보아야 합니다. 관심 있는 직업이 있다면 그 일에 필요한 직업의식과 윤리를 생각해 봅시다.

가정의 평화인가, 나의 꿈인가?

《엄마의 마흔 번째 생일》
최나미 글, 정문주 그림, 사계절, 2012.

"아빠, 엄마 있잖아. 학교 전시회에 엄마 그림을 내게 됐대. 잘 됐지?
교수님이 엄마 그림 좋다고 했대."
"당신이란 사람, 도대체 뭐 하는 여자야? 전시회?
그래, 시어머니 병은 하루가 다르게 나빠지는데 그런 일을 벌이고 싶어?"

가족은 아이에게 가장 가까운 사람들이자 안전한 울타리에요. 같이 살면서 서로 배려하고 양보하며 어려운 일이 있을 때는 도움을 주는 관계입니다. 그런데 가정의 평화를 위해 부모님이 꿈을 포기해야 하는 상황이 온다면 어떨까요? 부모님이 꿈을 포기하고 희생해야 하는 것이 맞는지에 대해서 고민이 듭니다. 과연 자신의 꿈과 가정의 평화 사이에 어떤 선택을 해야 하는 것이 현명한 선택일지 《엄마의 마흔 번째 생일》를 읽으면서 생각해 봅시다.

가족 안에서 갈등이 생겼을 때 해결 방법 찾기

가영이 가족의 평화는 할머니가 병에 걸리면서 깨지기 시작합니다. 엄마와 아빠의 크고 작은 갈등이 본격적으로 터진 것은 엄마가 그림을 그리기 시작하면서입니다. 아빠는 엄마가 그림을 그리는 것을 반대하고 나섰거든요.

이 상황에서 엄마가 전시회를 열어야 할지 생각하고 선택해 봅시다. 그리고 그 근거를 찾아봅시다. 책에서 근거가 될 만한 문장을 찾아 밑줄을 그어 보면 근거를 다양하게 정리하기 쉽습니다.

고학년 자녀와 함께 토론하기에 적절한 도서로 본격적인 토론에 앞서서 가영이네 가족의 이기적인 행동을 찾아보고 가영이 가족 중 가장 이기적인 사람이 누구인지 순위를 매겨보는 활동을 하는 것도 재미있습니다. 실제 가정으로 토론 내용을 가져와서 이야기 나누며 가족 구성원이 하는 집안일을 살펴보고, 적절하게 집안일을 나누어 보는 것도 권하고 싶은 활동입니다.

생각을 확장하는 핵심 질문

① 표지

- 앞표지에 뭐가 보이나요? 다섯 가지 이상 말해봅시다.
- 앞표지에 나오는 꽃다발은 어떤 의미일까요?
- 제목은 왜 엄마의 마흔 번째 생일일까요?
- 뒤표지에 나오는 두 사람은 무엇을 하고 있을까요?

② 이야기 속으로 들어가기

- 할머니가 아프다는 것을 가족들은 다르게 부릅니다. 아빠, 엄마, 가영이는 각각 뭐라고 부르나요? 그 이유는 무엇일까요?
- 엄마가 목욕탕에 들어가 몇 시간씩 칫솔로 타일 사이를 후벼 가며 청소를 하는 이유는 무엇일까요?
- 엄마가 직장에 나가려는 이유는 무엇일까요?
- '여자는 ~해야 해.', '남자는 ~해야 해.'라는 생각에 동의하나요? 그 이유는 무엇인가요?
- 자유와 무관심은 서로 어떻게 다른가요?
- 아빠가 엄마에게 화를 내는 이유는 무엇일까요?
- 가영이네 반에서 있던 회의가 왜 근사한 회의일까요?
- 엄마의 마흔 번째 생일 이야기에서 가장 집안일을 많이 하는 사람은 누구인가요? 우리 집은 어떤가요?
- 우리 집은 공평하게 집안일을 나누어서 하고 있나요? 혹시 한 사람만 많이 하고 있다면 골고루 다시 나누어 봅시다.

비경쟁 독서토론

사회자 '엄마가 전시회를 해도 된다고 생각하나요?'를 논제로 토론하겠습니다. 자신의 입장을 정하고 알맞은 근거를 떠올려 봅시다. 근거를 떠올리기 어렵다면 책에서 근거로 쓸 수 있는 내용을 찾아서 밑줄을 긋고 정리해도 됩니다. 근거를 말할 때는 첫째, 둘째를 붙여서 정리하면 좋습니다. 엄마가 전시회를 해도 되는지 찬성 측부터 발언하겠습니다.

찬 성 엄마가 전시회를 해도 된다고 생각해요. 첫째, 엄마는 전시회에 작품을 출품할 권리가 있어요. 엄마이기 이전에 사람이에요. 자신이 하고 싶은 것을 할 권리가 있어요. 둘째, 할머니를 돌보는 것은 엄마가 아닌 다른 가족도 할 수 있는 일이에요. 아빠와 이모들도 자신의 시간이 있어요. 그 시간을 나누어서 함께 돌봐야 해요. 셋째, 전시회는 언제나 하는 것이 아니어서 이번 기회를 놓치면 다음이 없을 수도 있어요.

반 대 엄마가 전시회를 하면 안 된다고 생각해요. 첫째, 할머니의 건강이 악화되어서 엄마와 가족들의 도움이 필요하기 때문이에요. 가족 중에 여유 시간이 가장 많은 사람은 엄마예요. 할머니 건강이 악화된 상황에서 전시회를 나가면 안 돼요. 지금 상황에서는 전시회보다는 할머니를 돌보는 것이 우선이에요. 둘째, 가희와 가영이도 엄마의 관심과 도움이 필요해요. 엄마는 전시회 때문에 가희의 치맛단과 급식비, 속옷까지 전혀 신경을 쓰지 못하고 있어요. 사춘기에는 더욱더 부모님의 관심이 필요해요. 셋째, 전시회로 가족 간의 화목을 다지기 어려워지고 집안의 균형이 깨졌기 때문이에요.

사회자 서로 질의응답하겠습니다.

찬 성 세 번째 근거에서 가족 간의 화목을 다지기 어려워지고 집안의 균형이 깨어진 것은 전시회를 열기 전부터 있던 일이 아닌가요? 이것에 대해서 어떻게 생각하나요?

반 대 할머니의 병으로 가정의 평화가 깨어지긴 했지만, 전시회를 하면서 가족 사이에 의견 차이가 벌어지고 있어요. 그래서 전시회가 가정 갈등의 더 큰 원인이라고 생각해요.

찬 성 처음 할머니의 병을 알아채고 할머니를 가장 많이 보살핀 사람이 엄마인데, 가족 모두가 엄마의 전시회를 응원해준다면 화목한 가족의 모습이 돌아오지는 않을까요?

반 대 할머니를 돌보는 것은 엄마가 아닌 다른 가족도 할 수 있지만 어려운 부분도 있어요. 아빠는 직장에서 일해 돈을 벌어오고 가영이와 가희는 도와줄 수는 있지만, 할머니를 혼자 보살피기는 어려워요. 이 상황에서 할머니를 돌보지 않고 전시회를 여는 건 엄마가 가족의 책임을 다하지 않고 있는 거 아닌가요?

찬 성 엄마가 할머니를 아예 돌보지 않는 것은 아니에요. 하지만 할머니를 엄마 혼자서 돌보면 엄마는 엄마의 모든 시간이 사라져요. 엄마가 할머니를 돌보는 역할을 많이 맡을 수는 있지만 전부 엄마가 하는 건 아니라고 생각해요.

사회자 질문과 대답을 통해 근거가 부족한 부분을 찾았나요? 혹시 입장이 바뀌지는 않았나요? 나눈 이야기를 바탕으로 가장 적절한 근거 세 가지를 찾아서 글을 써봅시다.

집에서 시작하는 초등독서토론

《돼지책》, 앤서니 브라운 글·그림, 허은미 옮김, 웅진주니어, 2001.

집안일은 엄마만 한다? 아주 중요한 회사에 다니는 피곳씨와 아주 중요한 학교에 다니는 사이먼과 패드릭은 집안일을 하지 않습니다. 그리고 이들은 점점 돼지가 됩니다. 아빠와 아이들이 돼지로 변해가는 과정을 관찰하고 성별에 따라 가정일을 나누어서 하는 것이 적절한지 이야기하면 좋습니다.

《사춘기 대 갱년기》, 제성은 글, 이승연 그림, 개암나무, 2020.

최근 늦은 결혼과 출산으로 갱년기와 사춘기가 비슷한 시기에 겹치기도 합니다. 이 책의 루나와 엄마처럼 말입니다. 사춘기에 돌입한 루나와 갱년기를 맞이한 엄마 사이의 갈등과 성장을 다룬 책으로 특히 초등학교 고학년 여자아이들에게 추천하는 책입니다. 갱년기 엄마를 이해해 나가는 과정이 자세하게 나타나있어서 이 책을 엄마와 딸이 함께 읽으며 서로를 이해할 수 있습니다. 평소 하지 못했던 말을 마음을 터놓고 이야기하는 시간을 갖는 것을 추천합니다.

직업 선택에 소득이 중요할까?

《아기 돼지 삼 형제가 경제를 알았다면》
박원배 글, 송연선 그림, 스푼북, 2022.

"직업은 수입을 목적으로 한 정신적, 육체적 활동을 말합니다."
"한 마디로 직업은 경제적 안정, 자아실현, 사회 활동 참여,
만족과 보람을 얻기 위한 활동으로 개인이나 사회적으로
의미가 아주 크고 중요한 활동입니다."

소가 된 게으름뱅이는 일하기 싫어서 집을 떠납니다. 이 이야기를 통해서 일할 의욕을 길렀다면 다음은 어떤 기준으로 직업을 선택할지에 대한 고민이 필요합니다. 자녀는 언젠가 사회 구성원으로서 직업을 가지고 사회에 나가게 됩니다. 어떤 사람은 돈을 많이 버는 직업이 좋다고 하고 어떤 사람은 돈보다도 내가 잘하는 일을 해야 한다고 하고 어떤 사람은 좋아하는 일을 해야 한다고 해요. 이름을 널리 알릴 수 있는 직업이 제일이라는 사람도 있어요. 직업을 선택할 때, 어떤 기준을 우선으로 해야 할지 판단이 어렵습니다. 《아기 돼지 삼 형제가 경제를 알았다면》을 읽으면서 고민해 봅시다.

직업의 선택 기준을 생각하며 나의 미래 고민하기

직업은 생계를 유지하기 위해서 자신의 적성과 능력에 따라 일정한 기간 계속하는 일을 말해요. 직업은 경제적으로 안정된 삶을 유지하는 데 중요한 역할을 해요. 또 자신을 성장하고 발전시켜 자아를 실현할 수도 있지요. 마지막으로 직업은 사회생활과 봉사의 기회가 되기도 합니다.

직업에 대해 고민할 때는 직업을 선택할 때 가장 중요한 기준이 무엇인지 생각해 봅니다. 소득, 자아실현, 사회봉사, 만족과 보람 등 자녀들과 함께 중요한 기준을 알아봅니다. 그리고 자녀가 직업을 선택할 때를 상상해서 자녀 스스로가 중요하다고 생각하는 부분이 무엇일지를 생각해보고 선택해보도록 합니다. 선택을 끝냈다면 그 이유도 생각할 수 있도록 질문을 던져주세요. 실제 직업을 선택할 때처럼 한 가지 기준만 정하지 말고 중요하다고 생각되는 두 번째, 세 번째 기준도 생각해보도록 하는 것도 좋습니다.

4부 토론으로 성장하는 초등 고학년

생각을 확장하는 핵심 질문

① 표지 및 목차

- 앞표지에 그림을 보고 어떤 옛이야기들이 나올지 추측해 보아요.
- 색칠되어 있는 그림은 무엇이 있나요?
- 내가 알고 있는 경제 용어를 말해보아요.
- 몰랐던 경제 용어가 나오는 부분이 있나요?

② 이야기 속으로 들어가기

- 혼자서 일하는 경우와 협업을 하는 경우 중 어떤 것이 효과적일까요?
- 누진세가 과연 필요할까요?
- 충동구매는 무조건 나쁜가요? 여러분의 경험을 말해봅시다.
- 먹고 살기에 충분한 소득이 있다면 직업을 꼭 가져야 할까요? 왜 그렇게 생각하나요?
- 불필요한 소비를 줄이고 저축을 해야 할까요? 아니면 소비의 미덕을 강조하면서 합리적인 소비를 해야 할까요?
- 국가에서는 여러 공공재를 지원합니다. 의료 서비스는 공공재로 국가에서 제공해야 하는 서비스일까요?

집에서 시작하는 초등독서토론

비경쟁 독서토론

사회자 직업을 선택할 때 소득이 가장 중요할까요? 직업의 정의와 직업 선택 시 고려해야 할 것들을 생각하면서 찬성과 반대로 나누어 의견에 대한 근거를 마련해 주세요. 찬성 측부터 이야기하겠습니다.

찬 성 저는 직업 선택에 소득이 가장 중요하다고 생각해요. 직업은 경제적으로 안정을 얻기 위해 돈을 버는 일이에요. 그러므로 어느 정도 생계를 유지할 수 있는 소득이 있어야 해요. 또 돈은 생활을 윤택하게 해주어요. 큰 소득은 삶에 여유를 주기 때문에 직업을 선택할 때 소득이 가장 중요해요.

반 대 소득도 물론 중요하지만, 적성이 더 중요하다고 생각해요. 잘 맞는 일을 찾아서 그것을 해낼 때 성공할 확률도 크다고 생각해요. 소득은 정말 먹고 살 최소의 비용만 벌어도 된다고 생각해요. 소득보다 중요한 것은 일에 대한 만족도와 사회에 대한 기여라고 봅니다.

사회자 서로 질의응답하겠습니다.

반 대 고소득이 삶에 여유를 준다고 했는데, 고소득자 중에서는 일하는 시간이 많거나 일이 힘든 경우가 많아요. 그렇다면 개인의 시간이나 정신적인 여유가 오히려 없어지지 않을까요?

찬 성 소득이 부족해서 경제적인 여유가 없으면 누리지 못하는 것들이 많아져요. 사람이 살아가는데 가장 필요한 것은 돈이라고 생각합니다. 반대 측에 질문하겠습니다. 적성도 좋고 사회적인 인정도 중요하지만, 소득이 너무 적어서 일상생활이 어려운 경우에 대해서는 어떻게 생각하나요? 적성과 흥미에 맞는 일은 여가 생활로 즐겨도 된다고 생각합니다. 현실적인 요건이 더 중요한 것 아닐까요? 또 자본주의 사회에서는 경제적인 부분으로 인정을 받는 것도 중요하다고 생각합니다. 어떻게 생각하나요?

반 대 직업을 한 번에 한 가지가 아니라 여러 가지를 가질 수 있으므로 적성을 고려한 직업과 생계를 위한 직업을 두 개 가지면 그런 부분은 해결될 것 같아요. 그리고 적성에 맞는 일을 계속하면서 한 우물을 파다 보면 전문성이 길러지고 이것이 경제적인 성공으로 이어진다고 생각해요. 일론 머스크와 테슬라를 예로 들어볼게요. 우리가 모두 알고 있는 테슬라의 창업자 일론 머스크는 처음 회사를 운영할 때 돈을 벌 수 없어서 아르바이트로 생계를 유지했어요. 하지만 관심 분야의 전문성을 기른 결과 결국 성공했지요.

찬 성 아르바이트로 경제적인 불안에 시달리면서 적성과 흥미에만 매달린다는 건 무모한 일이에요. 갑자기 큰 병에 걸려 돈이 필요하면 어떻게 할 건가요? 가정을 흔들리게 하고 이것이 오히려 사회를 불안하게 해서 사회에 이바지하지 못하는 것이 아닐까요?

사회자 나눈 이야기를 바탕으로 의견과 이유를 정리하고 자신의 주장과 근거를 글로 정리해 봅시다.

집에서 시작하는 초등독서토론

《내가 은행을 만든다면?》, 권재원 글, 이희은 그림, 토토북, 2017.

　은행과 은행에서 받을 수 있는 여러 가지 상품들에 대해 잘 정리되어 있습니다. 예금, 대출, 이자뿐만 아니라 신용에 관한 내용도 나와 있어서 실제 생활에 도움이 됩니다. 책을 따라 은행을 세우고, 신용을 사용하며 은행을 운영해보는 활동을 하면 재미있습니다.

《돈 때문에 돌겠네!》, 권재원 글, 영수책방, 2021.

　돈의 역사부터 가난한 사람을 도와야 하는 이유까지 돈에 관련된 다양한 내용을 다루고 있습니다. 책의 삽화처럼 책을 읽으며 인상 깊은 경제 내용을 네 컷 만화로 표현해보면 좋습니다.

사익인가, 공익인가?

《내가 나라를 만든다면》
밸러리 와이어트 글, 프레드 릭스 그림, 장선하 옮김, 토토북, 2013.

"한 나라에 규칙이 없다면 어떤 일이 벌어질지 상상해 보세요."
"서로 다툼이 생기면 서로 화해해서 풀면 좋겠지만,
만약 서로 화해가 안 된다면 법률로 해결할 수 있어요."

욕실 타일만 한 자투리땅이라도 나라가 될 수 있다는 귀여운 발상을 해 본 적이 있나요? 나만의 왕국을 건설하고 싶다는 생각은 세상 어린이라면 한 번쯤은 상상해 봤을 텐데요. 이 책은 상상에 머무르지 않고 자투리땅을 나라로 만드는 현실적인 단계를 제시해줍니다. 나라와 국민에 대한 개념을 세우고 법, 권리와 의무, 민주주의 등 나라의 큰 뼈대를 배우는 고학년 학생들에게 생각거리를 마련해주죠. 나라를 만들 때 국민과 나라 공동체에게 바람직하고 유익한 뼈대를 만드는 것이 가장 중요하겠지요. 그렇다면 나라를 운영하는 큰 뼈대가 되는 법은 어떻게 만들어야 좋을까요? 내가 만드는 나라에서는 어떤 원칙으로 법을 만들지 생각해 봅시다.

개인이 모여 만들어낸 국가라는 공동체

땅을 찾아 국민을 모으고 건국 이념을 정하세요. 나만의 새 나라를 알려야 하니까요. 나라를 알린 후에는 이제 실전입니다. 내가 만든 나라를 다스려야 하지요. 정부를 세우고 헌법과 법률을 만들면 준비는 모두 마쳤습니다. 이제 법에 따라 나라를 운영하면 됩니다.

그러던 어느 날, 지금 있는 법으로는 해결하기 어려운 갈등이 생겼다는 소식이 들려옵니다. 국민 개인의 권리와 공동체의 이익이 부딪혀 팽팽한 대립을 이루고 있다고 하네요. 앞으로도 이런 갈등이 생길 수 있기 때문에 이번 사건을 계기로 법을 새롭게 만들자는 의견이 많네요. 내가 만든 나라에서는 개인과 공동체 중 누구의 권리를 우선시해야 할까요?

생각을 확장하는 핵심 질문

① 표지 •

* 내가 나라를 만든다면 어떤 나라를 만들고 싶나요?

* 섬 위에 군인이 보이나요? 군인은 새로운 나라에서 어떤 역할을 맡을까요?

* 섬 위에 다른 사람들도 살펴보면서 나라에 어떤 게 필요한지 찾아 이야기해볼까요?

② 이야기 속으로 들어가기

* 나라를 세울 땅을 찾아야 합니다. 어디에서 땅을 찾으면 좋을까요?

* 내가 만든 나라의 이름을 지어볼까요?

* 국민을 모을 수 있는 나만의 비법을 생각해볼까요?

* 내가 만든 나라의 특성을 살려 국기를 만들어볼까요?

* 나만의 건국 이념을 정해볼까요?

* 국민으로서 선거에 참여해야 하는 이유는 무엇일까요?

* 내가 만든 나라에 꼭 넣어야 하는 헌법을 생각해볼까요?

* 국민의 나은 생활을 위해 어떤 법률을 만들고 싶나요?

* 내가 만드는 나라에서 어떤 날을 공휴일로 정할까요?

* 내가 만드는 나라 주변에는 어떤 특성을 가진 이웃 나라가 있으면 좋을까요?

* 내 나라의 이익을 위해 어떤 국제 기구에 가입해야 할까요?

집에서 시작하는 초등독서토론

사회자 나라의 갈등을 해결하기 위한 법률이 필요합니다. 개인의 이익과 공동체의 이익 중 어느 것을 더 우선해야 할까요? '갈등 상황에서 공동체의 이익보다 개인의 이익을 우선해야 한다.'를 주제로 토론을 시작하겠습니다. 찬성과 반대로 나누어 의견에 대한 근거를 마련해 주세요. 필요하다면 자료를 조사해도 좋습니다. 시간은 20분입니다. 이제 시간이 되었습니다. 찬성 측부터 말씀해 주세요.

찬 성 저는 갈등 상황에서 공동체의 이익보다 개인의 이익을 우선해야 한다고 생각합니다. 근거로는 첫째, 개인이 모여 공동체를 이루기 때문입니다. 역사를 살펴보면 공동체의 이익 때문에 개인을 희생한 사례들이 있었습니다. 이런 경우 공동체 자체도 오래 가지 못했습니다. 따라서 공동체가 잘 유지되려면 개인이 우선되어야 합니다. 둘째, 개인에게는 권리와 자유가 있기 때문입니다. 자신의 생각을 표현하고 재산권을 행사할 자유가 있습니다. 이는 헌법에 보장된 내용이므로 개인의 자유와 권리를 보장하지 않는 것은 헌법에 위배될 수 있습니다.

반 대 저는 갈등 상황에서 개인의 이익보다는 공동체의 이익을 우선해야 한다고 생각합니다. 근거로는 첫째, 개인은 공동체를 떠나서는 살 수 없기 때문입니다. 사람은 사회적 동물로 공동체라는 울타리에 속해 살아가고 있습니다. 그렇기 때문에 공동체에 피해가 가는 상황이라면 장기적으로 개인에게도 피해를 줄 수 있습니다. 공동체를 위하는 것이 결국 개인을 위하

205

4부 토론으로 성장하는 초등 고학년

는 일이 됩니다. 둘째, 다른 개인의 권리를 침해할 수 있기 때문입니다. 공동체와의 갈등에서 개인의 자유와 권리를 우선한다면 그에 반대하는 다른 개인의 권리가 침해될 가능성이 있습니다. 공동체의 이익을 우선하여 대다수가 좋은 방안을 선택해야 합니다.

사회자 서로 질의응답하겠습니다.

찬 성 공동체의 이익을 따라 대다수가 좋은 방안을 선택한다면 소수의 의견과 권리는 침해되지 않을까요?

반 대 네, 그런 경우 공동체 안에서 대화와 설득을 통해 소수의 의견도 받아들일 수 있습니다. 이번에는 제가 질의하겠습니다. 개인의 이익을 우선하면 남의 권리를 무시하는 이기적인 선택을 할 수 있지 않을까요?

찬 성 네, 그러므로 이기적인 선택을 막을 수 있는 장치를 법률로 마련할 수 있습니다.

사회자 자신이 마련한 근거와 질의응답한 내용을 참고하여 자신의 의견을 글로 써 제안해 봅시다. 근거를 세 가지 제시하며 20줄 정도의 분량으로 써봅시다.

집에서 시작하는 초등독서토론

《장준하 아저씨네 사진관》, 이향안·신재일 글, 박재현 그림, 주니어김영사, 2018.

대부분의 나라가 선택한 민주주의는 완전하고 완벽한 제도는 아닙니다. 국민이 힘을 모아 계속 발전시켜야 하지요. 교실 속 민주주의도 마찬가지입니다. 이야기 속 독재 회장 찬우를 어떻게 해야 할까요? 찬우가 계속 반장 역할을 할 수 있을지 입장을 정하고 근거를 마련하여 토론해 봅시다.

《블랙아웃》, 박효미 글, 마영신 그림, 한겨레아이들, 2014.

내가 만든 나라에 위기가 발생한다면 여러분은 어떻게 할 것인가요? 이 책에서는 대규모 정전 사태인 블랙아웃이 발생하고 그 속에서 어려움과 갈등을 겪는 국민의 생활이 드러납니다. 사회 시스템이 제 역할을 하지 못하자 국민은 이기적으로 행동하기 시작하죠. 국가 위기 상황에서 이기적으로 행동하는 국민의 행동이 정당한지 이야기 나누어 보고, 이를 막기 위한 튼튼한 사회 시스템을 고민해보면 좋습니다.

최대 다수의 최대 행복

《생각 쫌 하는 김토끼 씨의 초등 정치 수업》
지수 글·그림, 북멘토, 2021.

"정치 질서를 만들 때, 다수가 행복하다면
소수가 희생하도록 만들어도 괜찮을까요?
어디까지는 되고, 어디서부터는 안 될까요?"

정치란 무엇일까요? 아이들이 생각하는 정치는 텔레비전 속 언성을 높이는 정치인, 목청껏 시위를 하는 사람들로 국한되어 있을 수 있습니다. 하지만 정치는 어른만의 것도 아니고 사람이 모인 곳이라면 어디서든 일어나기 마련입니다. 자녀는 이 책을 통해 정치의 의미와 필요성, 정치에 참여하는 다양한 방법을 배울 수 있습니다. 정치에서는 수많은 선택을 해야 합니다. 이때 어떤 기준으로 선택해야 할까요? 최대 다수의 최대 행복은 항상 최선일까요? 아이들은 딜레마에 대해 토론하면서 현명한 선택의 기준을 세우게 됩니다.

찬반을 결정하기 어렵다면

칙칙폭폭 당신은 전차를 운행하는 기관사입니다. 저 앞 선로 위에서 일하고 있는 다섯 명의 인부가 있습니다. 브레이크 고장으로 속도를 줄일 수도 멈출 수도 없습니다. 당신의 직진 선로에 다섯 명의 인부가 있고 오른쪽 선로에 한 명의 인부가 있다면 당신은 어느 선로로 가겠습니까?

'전차 딜레마'라고 불리는 이 사례는 다수를 위한 소수의 희생 문제를 다룹니다. 법과 질서를 만들 때 이것이 정당화될 수 있는지 고민하는 과정에서 어느 한 쪽을 선택하기는 어렵습니다. 찬반을 결정하기 어려운 논제는 고민하는 과정에서 사고력이 높아지므로 의미가 있습니다. 이럴 때는 의견에 점수를 매겨 찬반 정도를 나타내면 좋습니다. 예를 들어 강력한 찬성 의견이라면 5점을, 확고하진 않으나 찬성 쪽 근거로 마음이 기운다면 1점을 매깁니다. 역으로 반대 의견은 -3점과 같은 식으로 나타내며 결정에 대한 부담을 줄이고 양쪽의 의견에 귀를 기울입니다.

4부 토론으로 성장하는 초등 고학년

생각을 확장하는 핵심 질문

① 표지

- 앞표지와 뒤표지에 무엇이 보이나요? 무엇과 관련이 있다고 생각하나요?
- 일상생활에서 정치라는 단어를 언제 사용하나요?
- 표지의 토끼는 어떤 말을 하고 있을까요?

② 이야기 속으로 들어가기

- '정치'하면 제일 먼저 뭐가 떠오르나요?
- 정치는 왜 필요할까요? 정치의 필요성을 3가지 정도 말해봅시다.
- 여러분 앞에 '정부를 만든다'는 동의서가 온다면 서명을 할 건가요? 이유는 무엇인가요?
- 국가의 권력을 누가 가지도록 해야 할까요? 지켜 줘야 하는 개인의 기본권에는 무엇이 있을까요?
- 삼권분립이 이루어지지 않는다면 어떤 일이 벌어질까요?
- 중앙 정부의 권력보다 지방 자치가 활성화되는 것이 좋을까요? 그렇게 생각한 까닭은 무엇인가요?
- 선거권을 가질 수 있는 나이는 몇 살부터라고 생각하나요?
- 내 생각과 가장 비슷한 정치사상가는 누구인가요?
- 정치 질서를 만들 때 다수를 위해 소수를 희생하도록 만들어도 괜찮을까요?
- 모두에게 공평하게 나누어 주는 것과 필요한 사람에게 더 많이 나누어 주는 것 중 어떤 것이 더 공평한 세상인 것 같나요?
- 어떤 나라가 국민의 인권을 침해한다면 어떻게 해야 할까요?

사회자 다수가 행복한 결정이 모두를 위해 좋은 결정일까요? 내가 기관사라면 직진 선로에 있는 다섯 명의 목숨을 구하기 위해 오른쪽 선로에 있는 한 사람을 희생할 것인지에 대해 토론하겠습니다. 찬성은 정도에 따라 1부터 5까지, 반대는 정도에 따라 –1부터 –5까지 점수로 표현합니다. 의견에 대한 근거를 마련해 주세요. 시간은 10분입니다. 이제 시간이 되었습니다. 찬성부터 말씀해 주세요.

찬 성 저는 4점입니다. 그 이유는 첫째, 생명은 소중하기에 결국 누군가 죽을 수 밖에 없다면 그 수를 줄일 수 있는 선택을 해야 하기 때문입니다. 그러므로 희생자를 최대한 줄이기 위해 오른쪽 선로의 한 사람을 희생하는 것이 더 많은 사람을 위해 어쩔 수 없는 선택이라고 생각해요. 둘째, 희생자를 줄일 시간이 있었지만 방향을 틀지 않는 것은 기관사의 방관이라고 생각하기 때문입니다. 방관도 하나의 죄가 될 수 있습니다.

반 대 저는 –2점입니다. 처음에는 오른쪽 선로를 선택해 한 사람을 희생하는 것이 낫다고 생각했지만 그 한 사람의 생명 또한 소중하다는 생각에 의견을 바꿨습니다. 다수를 위해 죽을 운명이 아닌 사람을 희생시키는 것은 옳지 않아요. 그 한 사람이 나라고 생각하면 다수를 위해 한 명을 희생하는 것이 절대 모두를 위한 것이 아니라는 생각이 들 거예요. 법을 만들 때도 다수를 위한 소수의 희생이 정당화된다면 건강한 사회가 되지 않는 것처럼 말이에요.

사회자 서로 질문하고 응답해 보도록 합시다.

찬 성 반대 측 입장은 오른쪽 선로 위의 한 사람은 죽을 운명이 아니었다고 하였는데 선로 위 다섯 명의 사람도 마찬가지 아닌가요?

반 대 네. 그렇지만 다섯 명의 인부는 브레이크 고장으로 어쩔 수 없이 사고를 당할 상황이었습니다. 다섯 명을 살리기 위해 원래 운행하는 선로가 아닌 오른쪽 선로를 '선택'하면서까지 한 사람을 희생시키는 결정이 문제라고 생각해요. 이제 제가 질문하겠습니다. 찬성 측은 생명은 소중하기 때문에 최대한 희생자를 줄여야 한다고 했는데, 다섯 명의 목숨과 한 명의 목숨을 비교해서 어느 쪽이 더 소중하다고 말할 수 있다는 이야기인가요?

찬 성 생명의 소중함을 숫자로 비교할 수는 없지만 가능한 많은 생명을 살리는 것이 더 옳다고 생각해요. 책에서 나온 정치 사상가 중 제러미 벤담이 주장한 '최대 다수의 최대 행복'처럼 최대한 많은 사람이 최대로 행복한 선택을 해야 해요. 그리고 기관사는 여러 명이 사고를 당하면 더 힘들 거예요.

사회자 잘 들어보았습니다. 의견을 나누며 변화된 생각을 토대로 최종 의견에 대한 글을 써보도록 하겠습니다.

집에서 시작하는 초등독서토론

《공정 : 내가 케이크를 나눈다면?》, 소이언 글, 김진화 그림, 우리학교, 2019.

무조건 똑같이 나누는 것이 공정한 걸까요? 공평과 공정의 미묘한 차이를 알고 어떻게 해야 공정한 것인지 생각해 볼 수 있는 많은 사례를 다룬 책입니다. '내가 생각하는 공평함과 공정함이란?'을 주제로 글쓰기를 하며 무엇을 어떻게 추구할지 생각해 보는 기회를 가질 수 있습니다.

《자유 대 규제, 무엇이 먼저일까?》, 양서윤 글, 박재현 그림, 개암나무, 2019.

길고양이 먹이 주기, 교내 CCTV 설치, 게임 셧다운 제도 등 자유와 규제 사이에서 논란이 되는 우리 주변의 사회문제를 구체적인 사례로 제시하고 토론할 수 있도록 안내하는 책입니다. 주어진 사례를 읽고 찬반 의견을 정해 모의재판 판결문을 쓰는 활동이나 자유와 규제를 모두 아우를 수 있는 합리적인 해결점을 찾아 제시하는 활동을 할 수 있습니다.

세금으로 치료해야 하는가?

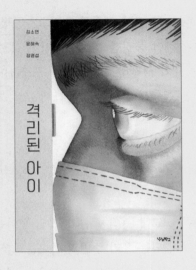

《 격리된 아이 》
김소연·윤혜숙·정명섭 글, 우리학교, 2020.

"우리 회원들의 첫 번째 규칙이 뭐야?
'오른손이 한 일을 왼손이 모르게 하라.' 이거잖아.
우리의 활동 내역이나 포섭 상황은 절대 외부에 알려지면 안 돼.
동선 조사받을 때 딱 아까처럼만 해, 응?"
"사실대로 말해야지. 거짓말하지 말고."

전 세계적으로 코로나19가 처음 시작되었을 때 우리나라에서는 확진자의 이동 동선을 조사했어요. 역학조사에서 솔직하게 응답하지 않아서 코로나19가 확산된 사회적인 문제가 있었어요. 하지만 역학조사에서 솔직하게 말하기 어려운 것들도 많은데요. 다른 사람들에게 피해를 주며 거짓말로 동선을 밝힌 사람들을 국가에서 세금으로 치료하는 것이 맞을지 고민이 됩니다. 《격리된 아이》 중 '거짓말'을 읽으면서 어떤 선택이 현명한지 생각해 봅시다.

다양한 방법으로 내 의견을 뒷받침하는 이유 찾기

성민이는 코로나19에 걸려 역학조사 진술을 해야 하는 상황입니다. 그리고 성민이의 동선과 관련된 조 차장과 오 팀장은 자신의 집단에 피해가 갈까 봐 성민이에게 거짓말로 동선을 이야기하라고 합니다. 역학조사에서 거짓말을 하면 감염증이 퍼질 것이 뻔해 보입니다.

이렇게 거짓말을 한 사람들도 국가에서 세금으로 치료를 해주어야 할지 치료해주지 말아야 할지 선택해보고 그 이유를 찾아봅시다. 거짓말에도 스스로 의도하지 않고 한 거짓말과 악의를 가지고 한 거짓말이 있음을 확인하고 선택할 수 있도록 합니다. 치료했을 때와 하지 않았을 때 각각의 장단점과 일어날 수 있는 결과를 충분히 생각해볼 수 있도록 이끌어 주는 것도 좋습니다. 또한 필요한 경우 뉴스와 기사를 찾아서 이유를 보충하는 시간을 갖는 것도 도움이 됩니다. 자신의 의견에 적절한 이유는 두 가지 이상 찾도록 해보세요.

생각을 확장하는 핵심 질문

① 표지

- 아이의 표정은 어떤가요?
- 거짓말을 해본 경험이 있나요? 그때 어떤 마음이 들었나요?
- 표지를 보니 어떤 내용의 단편들이 있을 것 같나요?

② 이야기 속으로 들어가기

- 성민이는 왜 거짓말을 했나요?
- 조 차장과 오 팀장이 역학조사 시뮬레이션을 시킨 이유는 무엇인가요?
- '거짓말'에서 감염증에 대한 안일함을 드러내는 행동이나 말은 무엇이 있나요? 99쪽부터 109쪽에서 세 가지 이상 찾아보세요.
- 마지막에 "거짓말하지 말아야지."라고 말하는 성민이의 진짜 속내는 무엇일까요?
- 코로나19 감염증이 유행하기 이전과 이후에 생활이 어떻게 달라졌나요?
- 등장인물들의 거짓말은 지역사회에 어떤 영향을 미칠 수 있을까요?
- 등장인물들처럼 국가 공동체를 위험에 빠뜨리는 사람들을 어떻게 해야 할까요?

비경쟁 독서토론

사회자 처음 코로나19가 시작되었을 때 우리나라에서는 역학조사를 철저하게 했어요. 그리고 역학조사에서 거짓말을 해서 혼란과 피해를 준 사람들이 있었습니다. 역학조사에서 거짓말을 한 사람을 세금으로 치료해야 한다고 생각하나요? 그렇게 생각하는 근거를 정리하고 찬성 측부터 발언해 봅시다.

찬 성 역학조사에서 거짓말을 한 사람을 세금으로 치료해야 한다고 생각해요. 첫 번째로 치료하지 않으면 감염증을 일부러 퍼트릴 수도 있어요. 감염증에 걸렸어도 친구를 만나거나 사람이 많은 장소를 돌아다녀서 감염증을 퍼트릴 수 있어요. 두 번째로, 우리나라 국민이기 때문에 치료받을 권리가 있어요. 감염증에 걸린 사람도 국민으로서 세금도 내고 의무를 다했어요. 그래서 치료해주어야 해요. 세 번째로, 치료와 처벌은 구분해야 해요. 거짓말에 대한 처벌은 필요하지만, 인권의 측면에서 치료는 해주어야 해요.

반 대 저는 반대에요. 역학조사에서 거짓말을 한 사람을 세금으로 치료하면 안 된다고 생각해요. 법이 허술하면 계속 거짓말을 하는 사람이 나와요. 거짓말하는 사람이 더 나오지 않도록 치료해주면 안 돼요. 두 번째로 다른 사람에게 피해를 주었기 때문이에요. 방역 수칙을 지킨 국민에게 거짓말로 피해를 주었기 때문에 세금으로는 치료해주면 안 돼요. 마지막으로 자비로 치료하도록 하고 그 돈으로 백신 개발에 투자하는 게 더 좋을 것 같아요. 백신 개발에도 많은 돈이 들어가요. 세금은

	한정되어 있으니 이를 사용한다면 백신 개발에 사용해서 모든 사람에게 이득이 되게 해야 해요.
사회자	서로 질의응답하겠습니다.
반 대	우리나라 국민으로서 감염증 확산을 하며 피해를 준 것은 어떻게 보면 국민으로서 의무를 다하지 못한 것인데, 의무를 다하지 못한 사람들의 권리를 보장해주어야 하는지 의문입니다. 치료비는 스스로 내야 하지 않을까요?
찬 성	듣고 보니 그렇네요. 하지만 의무를 지키지 못한 사람들도 우리나라 국민이기 때문에 국가는 국민을 보호해주어야 해요. 그리고 치료비를 낼 수 없는 형편인 사람이 있을 수도 있고 치료를 하지 않아서 나타나는 피해가 더 클 것으로 생각되기 때문에 치료해주어야 한다고 생각해요. 자신의 동선을 헷갈리거나 잘못 알고 있어서 의도하지 않게 거짓말을 하게 된 경우에 대해서는 어떻게 생각하나요?
반 대	의도를 구분할 수 없으므로 똑같이 처벌해야 한다고 생각해요.
찬 성	동선을 조사하는 것은 개인의 사생활을 침해하는 것인데, 개인이 말하는 내용은 개인의 자유가 아닌가요?
반 대	감염증 확산이라는 국가 재난 상황에서 다른 국민을 보호하기 위해서는 국가가 개인의 자유를 제한할 수 있다고 생각해요.
사회자	질문과 대답을 통해 근거에서 부족한 부분을 찾았나요? 혹시 생각이 바뀌지는 않았나요? 나눈 이야기를 바탕으로 자신의 의견을 글로 써서 주장하는 글을 완성해 봅시다.

집에서 시작하는 초등독서토론

《미래가 온다, 바이러스》, 김성화·권수진 글, 이강훈 그림, 와이즈만북스, 2019.

바이러스에 관련된 다양한 지식을 초등학생이 이해하기 쉽게 정리한 책으로 바이러스에 관한 다양한 궁금증을 해결할 수 있습니다. 팬데믹 상황에서 코로나19와 관련된 다양한 지식을 이해하고 바이러스와 함께 살아가는 방법을 배울 수 있습니다. 바이러스에 대한 지식을 바탕으로 질병 관리청장이 되어서 국민들을 대상으로 감염병 대응 대책을 발표하는 활동을 해봅시다.

《블랙아웃》, 박효미 글, 마영신 그림, 한겨레아이들, 2014.

전기가 사라진 세상은 상상하기도 어렵습니다. 전기가 없는 일주일은 과연 어떤 모습일까요? 7일 동안 블랙아웃이 되었을 때 일어날 수 있는 일들을 다루고 있는 책으로 사람들의 모습이 어떻게 변해가는지 초점을 맞추어서 읽으면 좋습니다. 전기가 우리 생활에 꼭 필요한 만큼 블랙아웃이 오랜 시간 이어진다면 국가 재난 상황이 벌어지게 될 것입니다. 블랙아웃이라는 재난 상황을 어떻게 헤쳐나가면 좋을지 행정안전부 재난관리실장이 되어서 시민들에게 정전 장기화에 따른 필수행동요령 5가지를 정하는 활동을 해보면 좋습니다.

인공지능 시대의 인간다움

《담임 선생님은 AI》
이경화 글, 국민지 그림, 창비, 2018.

"로봇은 차별하지 않습니다. 로봇은 공정합니다."
"로봇과 공존할 수밖에 없는 시대에 인간에게 요구되는 건 단 하나예요.
더욱 인간적일 것. 그건 로봇이 절대 알 수 없는 영역이거든요."

자율 주행, 얼굴인식, AI 학습. 멀게만 느껴진 인공지능 시대가 이제는 우리 곁에 불현듯 다가왔어요. 우리 삶에 속속들이 스며든 인공지능은 교육계까지 영향을 미치고 있지요. 효율성과 편리함에 갇혀 무턱대고 인공지능을 받아들인다면 우리 아이들이 일자리를 찾을 때 쯤에는 로봇이 인간의 일자리를 대부분 차지할 수도 있어요. 인공지능 로봇이 인간을 완벽히 대체할 수 있을지에 대해 토론하고 인공지능 시대에 우리가 갖춰야 할 인간다움이란 무엇인지 생각해 봅시다.

근거를 들어 논제에 대한 관점 나누기

담임 선생님의 한마디가 아이들의 삶에 큰 영향을 미치기도 합니다. 어쩌면 가족만큼이나 하루 중 오랜 시간을 함께하는 선생님의 존재는 지식 전달자 이상의 의미를 가집니다. 누군가는 선생님께 차가운 공정함을 원하고 누군가는 자신을 향한 따뜻한 눈 맞춤을 원합니다. 미래 초등학교 5학년 1반에 인공지능 선생님이 오면서 교실은 종잡을 수 없어졌습니다. 인공지능 선생님을 긍정적으로 생각하는 아이들과 부정적으로 생각하는 아이들이 날카롭게 맞서게 되면서 아이들은 인공지능과 교육에 대해 생각해보게 됩니다.

이 책을 활용해 토론을 할 때에는 단순히 근거를 나열하는 단계에서 더 나아가 논제에 대한 관점을 세분화해야 합니다. 인공지능 로봇이 담임 선생님을 대체할 수 있을까라는 논제로 토론을 할 때는 인공지능 개념과 교육의 본질, 바람직한 교사상이라는 세 가지 측면을 모두 생각해보면 좋습니다. 또 책 속 인물들의 말과 행동을 따라가보면 인공지능 선생님에 대한 자신의 입장을 정하는 데 도움이 됩니다.

4부 토론으로 성장하는 초등 고학년

생각을 확장하는 핵심 질문

① 표지

- 앞표지의 인물은 누구일까요?
- 앞표지 인물의 기분은 어때 보이나요?
- 책 제목에 왜 이런 글씨체를 사용했을까요?
- 뒤표지는 어떤 상황일까요?

② 이야기 속으로 들어가기

- 교장 선생님이 나눠주신 칠계명 중 가장 중요한 항목은 몇 번인 것 같나요? 왜 그렇게 생각하나요?
- 벌점제는 학생들의 학습과 학교생활에 도움이 될까요?
- AI 선생님은 수업 시간에 학생들이 동시에 질문을 해도 모두 정확하게 듣고 대답해 줄 수 있다고 하였어요. 실제 교실에서 이런 수업이 진행된다면 장점과 단점은 무엇일까요?
- 내가 미래초등학교 5학년 1반 학생이라면 AI 선생님을 어떤 내용으로 업그레이드하고 싶을까요?
- 학생들의 싸움을 막기 위해 창문을 깨고 운동장을 가로지른 AI 선생님의 행동에 대해 어떻게 생각하나요?
- 로봇에게도 윤리가 적용될까요?
- 인간과 로봇의 차이점은 무엇일까요? 로봇이 인간다워지기 위해서는 어떤 것이 필요할까요?
- 성찰은 왜 인간을 인간답게 할까요?

사회자 인공지능 로봇이 담임 선생님을 대체할 수 있을까요? 인공지능의 개념과 교육의 본질, 좋은 선생님이라는 세 가지 측면에서 생각해 봅시다. 먼저 인공지능이 무엇이고 어떤 원리인지 조사해 보세요.

찬 성 인공지능은 수많은 데이터로 스스로 학습할 수 있는 딥러닝이라는 기술을 사용한다고 해요. 모르는 것이 생기면 스스로 학습해서 빠르게 척척 알려줄 수 있으니 인공지능 로봇이 담임 선생님을 대체할 수 있다고 생각해요. 또한 인공지능은 기계이기 때문에 학생들의 말을 한꺼번에 듣고 각각 대답해 줄 수 있어요. 인간은 그런 능력이 없지만요.

반 대 인공지능 기술이 아무리 발달해도 기계에 불과해요. 그렇기 때문에 인지쌤처럼 언제든 오류를 범할 수 있고 고장이 날 수도 있어요. 딥러닝을 하는 데이터가 틀렸거나 잘못된 내용을 가진 경우 올바르지 않은 생각을 심어줄 수 있어요.

사회자 그럼 이번에는 교육의 본질 측면에서 의견을 나눠볼까요? 교육을 통해 우리가 어떤 것을 배우는지 생각해 봅시다.

찬 성 학교에서 배우는 내용은 수학, 과학, 영어, 체육 등 굉장히 다양해요. 학습 내용은 전문적이고 구체적이어야 해요. 또한 잘못된 개념을 가지지 않게 정확해야 하고요. 인공지능 로봇은 이렇게 다양하고 전문적인 내용을 잘 가르쳐줄 수 있어요.

반 대 예술성과 창의력을 키우는 것도 교육이에요. 인공지능 로봇은 이미 가지고 있는 데이터를 통해서 학습하기 때문에 새로운 것을 창조할 수는 없어요. 또 친구들과 어울리고 갈등을 해결하는 것을 배우는 것도 교육이에요. 감정이 없는 인공지능 로봇에게 이런 것을 배울 수는 없어요.

사회자 좋아요. 마지막으로 여러분이 생각하는 좋은 선생님이란 어떤 선생님인지 생각하며 의견을 나눠봅시다.

반 대 좋은 선생님은 학생들의 마음에 공감하고 옳은 길을 알려주실 수 있어야 해요. 힘든 일이 생기거나 고민이 있을 때 인공지능 담임선생님과는 상담하지 못할 거예요. 학생들이 하는 말의 뜻을 잘 이해하지 못하고 공감해주지 않는 모습을 보인 인지쌤처럼요.

찬 성 책에서 나오는 인공지능 선생님과 학생들의 관계를 보면 시간은 걸렸지만 결국 아이들은 인공지능 선생님과 소통한다고 느꼈어요. 또 누구에게나 공정해야 좋은 선생님 아닌가요?

사회자 네. 인공지능 로봇이 담임 선생님을 대체할 수 있을지에 대해세 가지 측면에서 의견을 나눠보았어요. 지금까지 토론한 내용을 토대로 자신의 의견을 글로 써봅시다. 구체적인 사례나 이전의 내용에 보충할 점이 있다면 더해서 적어보세요.

집에서 시작하는 초등독서토론

《미래가 온다, 인공 지능》, 김성화·권수진 글, 이철민 그림, 와이즈만북스, 2019.

　인공지능이 개발되기까지 컴퓨터의 발달과정과 함께 인공지능의 모든 것을 살펴볼 수 있어요. 여러 직업을 쭉 써놓고 인공지능으로 인해 사라질 것 같은 직업을 골라보거나 새로 생겨날 직업에 이름을 달아보는 것도 좋습니다. '오토드로우'와 같은 간단한 인공지능 활용 프로그램으로 표지를 디자인해 봄으로써 인공지능을 직접 체험해 볼 수도 있지요.

《언더커버 로봇》, 데이비드 에드먼즈·버티 프레이저 글, 이은숙 옮김, 꿈터, 2021.

　인간 세상에 스며든 로봇은 자신의 정체를 들키지 않고 1년을 버틸 수 있을까요? 1년간 로봇임을 숨기고 살아가는 테스트에 참여한 로봇의 실수와 성장을 바라보며 인간이란 어떤 존재인지에 대해 이야기 나눌 수 있어요. 책을 읽기 전 표지를 흑백 인쇄하여 많은 학생들 중 누가 로봇인지 골라보고 이유를 나눠보는 것도 좋지요.

생명 기술의 발전, 양날의 검

《지엠오 아이》
문선이 글, 유준재 그림, 창비, 2013.

"유전자 조작을 금지하라. 사람들이 병들고 있다!"
"그 기술은 죽어 가는 사람들에게
새 생명을 불어 넣어 줄 수 있는 유일한 희망이 되었습니다."

유전자 조작 식품(GMO)을 식량 문제를 해결할 수 있는 대안으로 보고 찬성하는 사람들도 있지만, 생태계에 미치는 위험성이 높다고 보고 반대하는 사람들도 있습니다. 유전자 조작 기술을 동물이나 인간에게 사용하는 생명공학은 윤리적 측면에서 생명의 존엄성을 해칠 수 있어 더욱 민감한 문제입니다. 《지엠오 아이》를 읽으면서 생명 기술의 발전과 생명의 존엄성에 대해 생각해 봅시다.

긍정적인 측면과 부정적인 측면 고려하여 판단하기

이 책의 배경은 첨단 과학이 발전한 미래 사회입니다. 정 회장이 살고 있는 건물과 집에 적용된 첨단 기술은 아이들의 호기심과 상상력을 자극합니다. 아이들은 보통 기술의 '발전'적인 측면에 주목하기 쉽습니다. 말 그대로 더 낫거나 좋은 상태로 나아갈 것으로 봅니다.

하지만 무엇 하나 부족한 것 없을 것 같은 미래 사회에서도 생명을 위협하는 문제가 계속 발생합니다. 유전자 조작 기술을 둘러싼 논쟁은 계속되고, 주인공인 나무를 통해 유전자 조작의 위험성에 대해 생각해 보게 합니다.

2장 '화상 회의'에서 유전자 조작 기술을 둘러싼 대립 의견이 잘 드러납니다. 아이들이 지엠오에 대해 잘 모르는 경우가 많기 때문에 이 부분을 꼼꼼하게 읽으며 각각의 입장을 모두 고려해보고 인터넷이나 책을 통해 지엠오에 대해 알아보며 배경지식을 넓혀 보세요.

무엇보다 《지엠오 아이》는 생명의 존엄성을 강조하는 책입니다. 생명의 존엄성을 위해 지켜야 하는 인간다움이 무엇일지 고려해 보기 바랍니다.

227

생각을 확장하는 핵심 질문

① 표지

- 지엠오(GMO)에 대해 알고 있나요?
- 앞표지에 나오는 아이의 그림자는 무엇을 의미할까요?

② 이야기 속으로 들어가기

- 정 회장의 집에는 생활을 편리하게 해주는 최첨단 로봇이 많습니다. 여러분이 가장 갖고 싶은 로봇은 무엇인가요?
- 사람의 유전자 조작 문제에 대해 임원들 간에 의견 대립이 팽팽합니다. 여러분은 어떤 임원의 의견에 동의하나요?
- 진화 마지막 단계에서 스스로 세포 자살을 해서 소멸되는 진화 애완동물에 대해 어떻게 생각하나요?
- 부모가 유전자 조작 아이를 버리는 이유는 무엇일까요? 유전자 조작 아이를 물건처럼 버려도 되나요?
- 돈으로 계산할 수 없는 인간의 가치는 무엇일까요?
- 나무는 왜 아이들에게 왕따 당할까요? 만약 나라면 유전자 조작 아이가 달리기에서 일등한 것을 실력으로 인정할까요?
- 정 회장이 명택이 아버지를 찾아가 왕따 문제를 해결한 것에 대해 어떻게 생각하나요?
- 여러분이 나무와 같이 불치병에 걸려 아프다면 냉동 인간이 될 것인가요?
- 유전자가 조작된 다양한 동·식물이 나옵니다. 사람을 물지 않도록 만든 모기처럼 어떤 지엠오 동·식물이 있으면 좋을까요?

비경쟁 독서토론

사회자 '유전자 조작 기술을 발전시켜야 한다.'는 주제로 토론을 시작하겠습니다. 자신의 의견에 대한 근거를 마련해 주세요. 책에서 근거로 쓸 수 있는 내용을 찾아 정리하거나 지엠오에 대해 인터넷에서 정보를 찾아도 좋습니다. 찬성부터 말씀해 주세요.

찬 성 유전자 조작 기술을 계속 발전시켜야 해요. 왜냐하면 유전자 조작 기술을 통해 사람들이 생명을 연장할 수 있기 때문이에요. 현재의 의학 기술로는 고칠 수 없는 병이나 유전 질환을 고칠 수 있고 장애도 극복할 수 있어요. 또 지엠오에 대해 조사하며 세계적으로 식량 문제가 심각하다는 것을 알게 되었는데, 유전자 조작 식품이 이 문제를 해결할 수 있어요.

반 대 유전자 조작 기술을 계속 발전시키면 안 돼요. 왜냐하면 이 기술은 자연 질서를 인간 마음대로 바꾸고 무시해 생태계를 위협할 수 있기 때문이에요. 그리고 책에서 나무처럼 유전자 조작으로 태어난 아이가 심각한 병에 걸리게 될 수도 있어요. 인간 마음대로 생명에 손을 대는 행위는 생명의 존엄성을 해치는 일이라고 생각해요.

사회자 서로 질의응답하겠습니다.

반 대 유전자 조작 기술을 통해 사람들이 생명을 연장할 수 있다고 했는데, 과연 오래 사는 것이 행복할까요? 지금도 노인 문제가 심각하잖아요.

찬 성 병이나 사고로 인해 어린 아이나 젊은 사람들이 많이 죽는다고 해요. 안타깝게 그런 일을 겪는 사람들의 생명을 구할 수 있어요. 그리고 유전적인 병이나 장애를 가지고 태어나는 사람들에게 희망을 줄 수 있지 않을까요?

반 대 인간이 자연 질서를 훼손해 오히려 더 큰 피해를 입을 수도 있어요. 새로운 질병이 생기고 돌연변이가 만들어지면 어떻게 하나요?

찬 성 나무는 발전된 의학 기술로 수술해서 나아졌고 연구가 진행되면 치료책이 개발될 수 있다고 했어요. 기술을 개발하되 충분한 연구와 안전성 검증을 한다면 잃는 것보다 얻는 것이 더 많을 거예요. 만약 내가 사고로 몸을 다쳤는데 건강한 장기를 만들어 바꿀 수 있다면 이 기술을 사용하지 않을 건가요?

반 대 물론 훌륭한 치료 방법이 있다면 사용하고 싶지만, 그 기술을 개발하는 데 소중한 생명이 많이 희생되고 안전성을 검증하기가 어려울 것 같아요. 새로운 장기를 이식했는데 다른 병에 걸릴 수도 있어요.

찬 성 지구에는 먹을 것이 부족해 죽는 사람들도 많은데, 그런 경우에는 지엠오 식품이 좋은 해결 방법이 아닐까요?

반 대 지엠오 식품이 병을 발생시키면 오히려 더 심각한 문제가 될 수 있어요.

사회자 질문과 대답을 통해 입장이 바뀌거나 근거에서 부족한 부분을 찾았나요? 자신의 의견을 최종 정리해 글로 써봅시다.

집에서 시작하는 초등독서토론

《나의 첫 생명 수업》, 홍명진 글, 뜨인돌, 2021.

이 책은 인간 사회, 생태계, 지구에 이르기까지 '생명의 가치'를 여러 각도에서 살피고 세심하게 다룹니다. 왜 생명을 존중해야 하는지, 왜 사람이나 동물을 괴롭히면 안 되는지 등에 대한 질문을 던지고 스스로 답을 찾을 수 있게 돕습니다.

《과학이 해결해주지 않아》, 장성익 글, 송하완 그림, 풀빛미디어, 2016.

과학기술과 사회, 인간은 서로 영향을 주고받아요. 《지엠오 아이》를 통해 생명공학의 양면성에 대해 알게 되었다면, 이 책에선 '정보통신기술', '나노기술' 등 다른 현대 과학기술의 '두 얼굴'에 대해 생각해 봅시다.

5부

중·고등학교까지
이어지는
독서의 힘

　요즘 초등학교에서는 같은 시간에 똑같은 시험지로 평가하는 일제고사 대신에 수행평가를 하고, 중·고등학교에서는 일제고사와 수행평가를 병행합니다. 수행평가에서는 학습의 결과뿐만 아니라 과정을 중요하게 살펴보며 문해력, 비판적 이해 능력, 창의적인 문제 해결 능력 등을 평가하고 있습니다. 자료를 조사해서 보고서를 발표하라고 하고, 수시로 다양한 텍스트를 읽고 감상문과 에세이를 쓰라고 하죠. 거기에 토의와 토론 과정을 평가하며 문제에 대한 합리적인 해결방안까지 찾으라고 요구합니다. 이런 평가의 경향은 대학수학능력시험(이하 '수능')에도 이어집니다.

　그렇다면 수행평가와 수능을 잘 보려면 어떻게 해야 할까요? 한국직업능력개발원이 2015년에 발표한 연구 보고서에 따르면, 독서량이 수능 점수 향상과 취업에 유의미한 결과를 가져다준다고 해요. 문학을

집에서 시작하는 초등독서토론

많이 읽을수록 언어 영역 점수에 큰 차이가 있었고, 교양서적(비문학)을 많이 읽을수록 좋은 일자리를 얻을 확률이 상대적으로 높았다고 합니다. 이런 결과들은 어렸을 때부터 기른 독서의 힘이 중·고등학교까지 이어지고 있다는 결정적인 증거가 됩니다.

이런 독서의 힘을 저절로 길러지는 게 아닙니다. 앞에서 언급했던 독서의 양을 확보하는 '1주 3권 초1 고2' 규칙을 기억하시나요? 집밥을 먹는 마음으로 꾸준히 습관화해서 가져가는 게 중요합니다. 초등학교까지 책을 읽고 그만둔 친구들과 중·고등학교까지 꾸준히 책을 읽은 친구가 공부한 양이 다를 겁니다. 요새는 학교 도서관에 책이 많아지고 주민센터나 아파트 단지에도 작은 도서관들이 많아져서 예전보다 책을 구하기 쉽습니다. 사교육비를 아끼면서 공부의 기본을 단단하게 하는 독서의 힘을 가지고 싶다면 지금 바로 시작하세요. '공부 체력'이 길러질 것입니다.

그런데 문제가 있습니다. 초등학교 저학년의 그림책이나 100쪽 이내의 글자가 큰 이야기책까지는 부모가 함께 읽어주겠는데 그다음부터는 어떻게 해야 할까요?

첫째, 텍스트의 힘을 활용하세요.

개에게 관심이 있는 학생에게는 개가 주인공으로 나오는 책《까매도 괜찮아 파워당당 토리!》를 추천해보세요. "딱 50쪽만 읽어도 읽어 봐"라고 하면서 책을 주면 50쪽 정도는 읽어줄 수 있지 하면서 마뜩찮은 얼굴로 읽기 시작할 겁니다. 하지만 50쪽이 넘어갔을 때 책을 그만 읽게 하면 장화 신은 고양이 같은 표정으로 더 읽고 싶다고 할 수도 있습니다. 재미있거든요! 만화를 좋아하는 자녀에게는《정재승의 인간 탐구 보고서》를 읽게 해보세요.

이렇게 텍스트의 힘을 활용하려면 부모님이 텍스트에 대해 잘 알고 있어야 하겠지요. 잘 모르겠다 싶으면 학교 교사나 주변의 책 고수들에게 도움을 요청하세요. 도서 목록을 달라고 하면 상대방이 부담스러워할 수도 있어요. 자녀의 성향을 말하면서 다섯 권을 추천해달라고 하셔요. 그것도 어렵다고 하면 세 권을 추천해달라고 하세요. 세 권씩 다섯 명에게 추천받으면 벌써 15권이지요. 그리고 인터넷에 권장 도서 목록을 검색하다 보면 겹치는 책들이 있습니다. 이 책들도 눈여겨보세요. 물론 최선의 방법은 자녀와 함께 서점에 가서 고르는 겁니다. 책 제목만 쓱 훑으면서 돌아다녀도 흐름을 알 수 있어요.

둘째, 고전을 쪼개 읽습니다.

한때 우리나라에 마이클 샌델의《정의란 무엇인가?》열풍이 불었습니다. 꽤 어려운 책임에도 상당히 많이 팔렸고요. 이 책의 기원을 거슬러 올라가면 플라톤의 국가론을 만날 수 있습니다. 서양 사상의 근간이니까요. 동양에서는 논어를 들 수 있습니다. 초등학교 6학년 학생이 논어와 국가론을 읽는다고 하면 대단하다는 생각이 들 수도 있습니다. 청소년판으로 쪼개 읽기 하면 가능합니다.

예를 들어 사계절 출판사에서 나온 주니어 클래식 5《플라톤의 국가, 정의를 꿈꾸다》는 약 300쪽 분량에 11개 챕터입니다. 1주일에 한 챕터씩 읽는다면 평균 30쪽이 안 됩니다. 그것도 힘들면 챕터별 소주제로 더 작게 쪼개 읽으면 됩니다. 읽다가 졸 수도 있으니까 낭독하게 해보세요.

셋째, 반복해서 읽습니다.

논어와 국가론을 한 번만 읽는다면 이게 무슨 소리인지 의미도 모른 채로 글자만 읽을 수도 있습니다. 하지만 초등학교 6학년부터 고등학교 1학년부터 매년 반복해서 읽다 보면 내용이 눈에 들어옵니다. 중학교 2학년이 되면 같은 문제에 대해 플라톤과 공자가 각각 어떻게 답했는지 비교하며 읽으면 논술 공부가 됩니다. 이렇게 책을 읽은 학생과 몇 쪽 분량으로 요약한 것을 읽은 학생을 비교하면 공부의 깊이가 다를 겁니다.

넷째, 쓰면서 읽기입니다.

특별한서재에서 나온 《파워풀한 실전 과학 토론》은 495쪽까지 있습니다. 보기만 해도 한숨이 나오죠. 그런데 그 안에 논제가 39개 있습니다. 1부에는 6개의 논제가 나오는데 논제별 분량이 20~30쪽 정도 됩니다. 대신 과학 토론 개요서를 실전처럼 따라 써 보게 구성되어 있습니다. 단계별로 먼저 써 보고 책의 내용과 비교해보면 됩니다. 이게 어려우면 나온 걸 요약해보는 것도 도움이 됩니다. 1부가 버거우면 2부를 먼저 합니다. 여기에는 33개의 논제가 나오는데 어떤 논제는 분량이 10쪽이 안 되는 것도 있습니다. 논제를 쭉 훑어보고 관심이 가는 논제부터 하면 됩니다. 큰 서점에 가서 찾아보시면 청소년을 대상으로 다양한 영역의 토론서가 나와 있습니다.

다섯째, 전문가가 청소년을 위해 쓴 과학 에세이를 읽습니다.

《수학이 일상에서 이렇게 쓸모 있을 줄이야》, 《공대생도 잘 모르는 재미있는 공학 이야기》,《야밤의 공대생 만화》등은 중학생도 읽을 수 있습니다. 교실에서 공부하는 게 일상에서 어떻게 활용되는 걸 알 수 있습니다. 요즘에는 공과대학에 진학하는 학생들이 많으니까 대학 공부와도 자연스럽게 연계되고요. 다른 분야에 진학하더라고 도움이 됩니다. 예를 들어 기업의 인사팀에서 근무하는데 기술팀에서 인력을 충원해 달라고 할 때 어떤 조건을 갖춘 인재를 뽑아야 할지 알고 있다면 정확하게 업무를 할 수 있겠지요.

쪼개 읽고 반복해서 읽고 쓰면서 읽기를 기억하세요. 공부를 외모 가꾸기처럼 생각해 보세요. 얼굴 화장도 중요하지만 전체가 아름다우려면 몸매도 중요하죠. 굶어서 뺀 힘없는 몸매가 아니라 근육을 단련한 건강한 몸매요. 자녀와 함께 독서로 공부의 근육을 단련해 봅시다.

집에서 시작하는 초등독서토론

집에서 시작하는 초등독서토론

2022년 12월 15일 초판 1쇄 발행

저자	ON책, 책을 켜는 연구회
	박선경, 권영범, 김아영, 박원희, 박은혜, 박주용,
	배주희, 소혜진, 윤글라라, 이수현, 황은숙
교정·윤문	전병수
발행인	전병수
편집 디자인	배민정
표지 디자인	은희주
발행	도서출판 수류화개
	등록 제569−251002015000018호 (2015.3.4.)
	주소 세종시 한누리대로 312 노블비지니스타운 704호
	전화 044−905−2248
	팩스 02−6280−0258
	메일 waterflowerpress@naver.com
	홈페이지 http://blog.naver.com/waterflowerpress

값 18,000원
ISBN 979−11−92153−12−4(03370)